Detlev Foth

Die Abfolge

Ein Theaterstück

© 2010 Detlev Foth
Buchgestaltung: Ioana Luca
Umschlagabbildung: Detlev Foth
© 2010
Herstellung und Verlag:
Books on Demand GmbH,
Norderstedt
ISBN: 978-3-8391-6495-2

Für Andrew Stys

Die Abfolge

Doch Elend legt die Hand auf seine Leute,
Und lebt noch Menschliches in ihnen heute,
Wird Armut morgen jeden Glanz vertreiben,
Ein männlich Tier, ein weiblich Tier wird bleiben.

PAUL VERLAINE

Personen

FILMSTUDENTINNEN:
LAYLA
WENDY
MONA

FILMSTUDENTEN:
KAPPA
MOROSS
FURMAN
CHAO-Y.
CORY
SOOK

Erste Szene

*Eine alte Fabrik, Treppen im offenen Raum, zwei Etagen, ein paar
Sessel und Stühle stehen herum, Stative. Kappa liest von einem Blatt
ab, Moross, Mona und Furman stehen ihm gegenüber.*

KAPPA *zitiert: Was bedeutet es, in Zeiten,
  in denen technisch jeder ein Filmemacher sein kann,
  in der Kunstform Film professionell zu arbeiten?*

MOROSS *zitiert: Es bedeutet,
  gegenüber einem audiovisuell gebildeten
  und anspruchsvollen Publikum
  ästhetische wie inhaltliche Risiken eingehen zu können,
  und dabei die Konventionen filmischen Erzählens
  ständig zu erweitern.*

MONA So steht es auf der Seite
  von unserer Schule.

KAPPA Der Internationalen Filmschule!

MOROSS Da steht es so.

KAPPA *zitiert: Die Festigung
  Ihrer künstlerischen Persönlichkeit ist uns wichtig.*

MONA *zitiert: Die Festigung
  Ihrer künstlerischen Persönlichkeit ist uns wichtig.*

MOROSS *zitiert: Die Festigung
  Ihrer künstlerischen Persönlichkeit ist uns wichtig.*

KAPPA Steht da.

MOROSS Ist eure künstlerische Persönlichkeit gefestigt?

KAPPA Sicher!

MONA Gefestigter könnte sie nicht sein!

KAPPA In Zeiten,
  in denen jeder ein Filmemacher sein kann,
  zumindest technisch gesehen,
  kann also auch einer,
  der keine gefestigte künstlerische Persönlichkeit ist,
  ein Filmemacher sein.

MONA Eine gefestigte künstlerische Persönlichkeit

klingt mir so verkrustet,
so fertig,
so wenig nach Kunst.
KAPPA Wir drehen Filme,
wie sie uns passen,
weil wir Filmemacher sind,
bevor wir das lernen,
weil es nicht zu lernen ist,
einen guten Film zu machen,
vor allem nicht,
wenn man
eine gefestigte künstlerische Persönlichkeit
zu sein hat.
MOROSS Eine gefestigte künstlerische Persönlichkeit,
das klingt abstoßend
und servil.
MONA Das zu erwarten!
KAPPA Was die erwarten!
MONA Was denen wichtig ist!
MOROSS Ich setze auf das Netz,
auf Unabhängigkeit,
Verbreitung auf allen Communities!
Ich werde machen,
was mir
richtig erscheint.
Ich will
keine Institutionalisierung
der Filmkunst.
KAPPA Vielleicht wären
wir besser zur Kunstakademie
gegangen und
in die Video Klasse.
MOROSS Ja, das war der Fehler.
MONA Wir drehen
ohne Filmschule und

ohne Akademie,
denn jeder kann ein Filmemacher sein,
sie sagen es ja selbst.
FURMAN Ich will keine Vorgaben,
ich lasse mich nicht einspannen,
ich bin gegen alle Schulen
und jede Lehre.
KAPPA Eine jede Schule
und eine jede Vorgabe
ist nur eine Täuschung.
MONA Ich lasse nicht zu,
dass man von mir
eine gefestigte künstlerische Persönlichkeit
erwartet,
selbst, wenn ich damit dienen kann,
denn ich diene niemandem,
und ich bediene keine Vorstellungen.
KAPPA Wir beginnen
noch heute mit einem Film,
der allen Vorstellungen widerspricht!
FURMAN Ja, ein Projekt!
MONA Ein Projekt!
KAPPA So ist es,
das machen wir.
FURMAN Wir warten nur auf Layla und Sook.
MONA Auf Chao-Y. und Wendy.
KAPPA Und auf Cory!
FURMAN Auf die müssen wir natürlich warten.
MONA Die kommen ja gleich,
die kommen ja jeden Tag
in die Fabrik!
KAPPA Wie gut, dass sie leer steht.
FURMAN Sie steht schon ewig leer.
KAPPA Sag ich ja,
gut, dass sie leer steht.

MONA Sie steht leer,
   weil sie auf uns gewartet hat.
KAPPA Ich glaube,
   du bist
   eine gefestigte künstlerische Persönlichkeit,
   so geschwollen
   wie du über
   diese Fabrik sprichst.
MOROSS Ich werde nicht in die Werbung gehen,
   das sag ich euch gleich.
   Und ich werde keine Festivals beschicken,
   das sag ich euch,
   denn ich stelle mich keiner Jury,
   ich werde auch nicht zum Fernsehen gehen,
   dahin zuletzt.
KAPPA Niemand will in die Werbung,
   und niemand will zum Fernsehen.
   Ich wollte immer Filme machen,
   weil ich die Werbung
   und das Fernsehen
   nicht mehr aushalten kann.
MONA Ich habe gar keinen Fernseher,
   so ödet mich das alles an.
FURMAN Mich interessieren nur
   authentische Stoffe,
   politische Aussagen,
   Gesellschaftskritik,
   alles andere ist Kitsch,
   sinnlos und tödlich.
KAPPA Absolut sinnlos
   und mörderisch
   und selbstmörderisch!
MONA Die Kamera soll eine Waffe sein!
KAPPA Und kein Schwanz,
   den man lutscht!

FURMAN Die Kamera soll das Messer sein,
das in das Gewissen schneidet!
KAPPA Die Kamera als geladene Knarre,
nur so wird es was!
MONA Alle Schranken niederreißen!
KAPPA Keine Berieselung mehr!
FURMAN Sonst könnten wir ja Heimatfilme drehen!
KAPPA Wo es doch die Heimat
nicht mehr gibt für einen.!
MONA Wo es keine Information gibt,
sondern nur noch Verabredungen!
KAPPA Glaubt den Nachrichtensendern nichts!
FURMAN Die Filmemacher
sind die Realitätsfälscher!
KAPPA Filmemacher sind das Letzte!
MONA Filmschulen sind Erziehungsanstalten!
FURMAN Wir werden die letzten
wahren Filmemacher sein!
MOROSS Genau!
MONA Endlich! Das ist eine Aussage!
KAPPA Du kriegst noch mehr Aussagen zu hören!
MONA Das macht mir keine Angst,
im Gegenteil!
MOROSS Man muss alle Privatheit vergessen,
denn es gibt nichts Privates mehr,
alles ist öffentlich!
Und der Film ist nur noch
Dokumentation,
selbst wenn er ein
so genannter Spielfilm ist!
*Mona geht eilig die Stahltreppe hoch, Kappa dreht einen Joint, Moross
sitzt furzend im Sessel, Furman geht in einem langen Mantel auf und
ab.*
MONA Wenn die anderen kommen,
dann fangen wir an mit dem Film.

KAPPA Wir müssen noch überlegen,
  was wir drehen.
MOROSS Eine Art Konzept.
KAPPA Aber kein Drehbuch,
  das wäre grausam!
MONA Ich mach uns mal Kaffee.
KAPPA Ja, mach das.
MOROSS Storybooks sind was
  für Idioten.
KAPPA Das seh' ich auch so.
MOROSS Ein Film muss so gut sein,
  dass man erst zwei Wochen später kapiert,
  worum es eigentlich ging!
FURMAN Es ist gar nicht entscheidend,
  dass man kapiert,
  worum es geht,
  sondern dass der Film einem zeigt,
  dass man noch lebt.
KAPPA Sag ich doch!

Zweite Szene

Chao-Y., Wendy, Cory, Sook und Layla treten ein. Mona fällt jedem
von ihnen um den Arm. Kappa und Furman sehen auf. Moross dreht
sich nach ihnen um.

KAPPA Das seid ihr ja!
  Habt ihr die Kameras dabei?
CHAO-Y. Ja sicher.
MONA Ich hab uns Kaffee gekocht.
CORY Schön, schön.
Sie kommen die Stahltreppe hinunter.
SOOK Jeder kann ein Filmemacher sein,
  das sagt die Schule,
  und das sagen wir,
  wenn wir es auch
  völlig anders meinen!
CORY Wie denn?
KAPPA Völlig anders,
  du hast es doch gerade gehört!
CORY Was ist denn hier
  für eine Stimmung!
LAYLA Das kreative Hauptquartier!
KAPPA Eben.
SOOK Davon leiten wir ab,
  dass jeder auch ein Schauspieler sein kann,
  vorausgesetzt,
  er will Filme drehen,
  so wie wir sie uns vorstellen
  und verfügt über keine anderen Schauspieler,
  so wie wir,
  also sind wir die Schauspieler
  unserer eigenen Filme.
WENDY Das leuchtet ein.
KAPPA So, genug geredet.
  Chao-Y., Wendy und Cory, ihr fangt an.

CORY Womit?

KAPPA Mit einer Filmidee, einer Sequenz.

CORY Ich muss mich besprechen mit den beiden.

KAPPA Gut, aber nicht so lange,
    irgendwie muss man ja anfangen,
    sonst verkiffen wir wieder den ganzen Tag.

LAYLA Ich habe schon eine Idee.

Kappa geht zu ihr und bleibt vor ihr stehen.

KAPPA Und?

LAYLA Ich möchte das Lulu-Ding wieder aufgreifen.

KAPPA Das ist doch wohl nicht dein Ernst? Wedekind?
    Und wer soll die Lulu spielen?
    Du vielleicht?

LAYLA Ich sehe jünger aus.

SOOK Mach dich nicht lächerlich!
    Außerdem ist das Thema mega-out.
    Überleg dir was anderes,
    in deinem Alter
    gehen die auf dem Babystrich
    schon in Rente.

LAYLA Dann mach ich was über Selbstfindung,
    so mit großen Spiegeln,
    oder etwas im Wald,
    dass ich Bäume umarme und so.

KAPPA Hier, hau dir mal ein bisschen was in den Kopf,
    vielleicht kommt dir dann was,
    das weniger zum Heulen ist.

Kappa reicht ihr eine Tüte, Layla zieht zögerlich daran und hustet.
Moross und Furman trinken aus einem Flachmann und sitzen in den
großen Sesseln.
Cory und die anderen sitzen auf der Stahltreppe und besprechen sich.
Mona hört ihnen zu.

KAPPA Cory?
    Habt ihr schon was?

Furman geht zur Musikanlage. Raekwon - Kiss The Ring Only

16

Built For Cuban Linx 2 läuft laut.
KAPPA Cory?
CORY Ja, ich denke,
  wir haben da so eine Idee.
Sie kommen die Stahltreppe hinunter.
KAPPA Und?
CORY Wir drehen den S-Bahn-Mord von München nach.
MOROSS Nicht einfach!
FURMAN Gar nicht einfach!
KAPPA Finde ich groß,
  ganz groß!
  Keiner hat das bisher gemacht,
  soviel ich weiß.
CORY Hier in der Fabrik,
  die Situation eben,
  die S-Bahn kann man sich dazu denken,
  es geht mehr um die Dialoge,
  um den Ausbruch
  von Gewalt
  und so weiter.
KAPPA Könnt ihr das spielen?
CORY Weiß nicht.
CAHO-Y. Müssen wir sehen.
WENDY Da muss Sook meine Rolle übernehmen,
  das sieht albern aus,
  wenn einer der Schläger
  eine Frau ist.
  Ich kann dann ja in einem anderen Film
  was an Sooks Stelle spielen.
FURMAN Ja, wenn Sook
  eine Tusse spielen müsste.
WENDY Ja, eben, dann.
SOOK Gut, ich spiel einen der Schläger.
  Oder das Opfer,
  wie ihr wollt.

CORY Ja, Sook, spiel das Opfer.
  Traust du dich?
SOOK Werden wir sehen.
CORY Oder verhöhnen wir das Opfer,
  wenn wir einen Film darüber drehen?
KAPPA Das denke ich nicht,
  ein Hohn ist doch eher,
  dass niemand bisher einen Film gewagt hat.
SOOK Eine künstlerische Analyse ist immer okay.
  Das, was wir machen,
  ist kein Hohn,
  das ist das Gegenteil.
KAPPA Lasst uns einfach anfangen,
  ich stell die Kameras auf die Stative
  und lass sie einfach laufen.
  Wir sollten drei Kameras aufbauen,
  schneiden können wir später
  am Computer.

Furman und Kappa bauen die Kameras auf, Cory bespricht sich mit Sook und Chao-Y. Die Frauen setzen sich zu Moross auf den Boden.

Dritte Szene

CORY Die Dreizehnjährigen
  und die Fünfzehnjährigen zeigen wir nicht.
  Das wäre zu viel.
  Wir steigen direkt in München Solln aus,
  nachdem der Fünfzigjährige bereits
  mit der Polizei telefoniert hat.
  Warte bis wir draußen sind, du Sau,
  sagt einer der Schläger,
  der Siebzehnjährige vielleicht.
KAPPA Okay.
FURMAN Die Kameras laufen jetzt.
*Chao-Y. und Cory verlassen etwas, das die S-Bahn sein soll und folgen
Sook.*
Sook dreht sich plötzlich zu ihnen um.
SOOK Ich habe die Polizei gerufen,
  sie wird gleich hier sein.
  Wie kommt ihr eigentlich dazu,
  die armen Kinder so einzuschüchtern und
  sie derart zu bedrohen?
*Cory baut sich vor ihm auf und will was etwas sagen, da trifft ihn eine
Faust ins Gesicht, blitzschnell, gleichzeitig tritt Sook ihm zwischen die
Beine.*
SOOK Nun kommst du gar nicht mehr dazu,
  mich Sohn einer Hure
  zu nennen,
  du ungebildeter Mensch,
  der sich aus reiner Verblödung
  und Langeweile
  zum Richter aufspielt
  in der absurden
  Nachahmung
  von beschissenem Dreck,

den du in irgendwelchen
Filmen gesehen hast.
Und dein Kumpel,
der macht nichts, wie?

Chao-Y. versucht einen Angriff, erhält aber sofort mehrere Schläge ins Gesicht.

SOOK Ihr verunreinigt mit eurem
aasigen Atem,
der nur Hassworte ausrülpst,
die Luft, die wir atmen,
und eure primitiven Gesichter
verstellen uns
die Bilder, die wir sehen wollen,
die Bilder, die ohne euch gelungener sind,
Bilder, in denen andere Gesichter vorkommen.
Eure Sprüche sind Beleidigungen,
vor allem,
weil sie so unsäglich dumm sind,
eure Gewalt
hat nur deshalb eine Chance,
weil man auf sie nicht vorbereitet ist.
Ihr seid nicht stark,
ihr habt nur den Vorteil
der Hemmungslosigkeit.
Im Film,
so wie jetzt,
sterbe ich nicht,
ich, der Fünfzigjährige,
den niemand wirklich kennt
und der sich seinen Tod
anders vorgestellt hat,
als in einer
grenzenlosen Demütigung
und Erniedrigung,
jetzt sterbe ich nicht,

sondern verändere die Wirklichkeit.
So mache ich es jetzt,
da mir niemand und nichts
meine Wirklichkeit
verändern kann,
die empörten Menschen nicht,
die Berichterstattungen nicht,
die Blumen auf dem Bahnsteig nicht,
das Bundesverdienstkreuz nicht.
Dreht man einen Film
über Schläger
und Mörder,
dann verherrlicht man die Gewalt
und das Morden,
ohne es zu beabsichtigen,
und das Opfer
stirbt ein zweites Mal
in einer nicht zu beschreibenden
Verwunderung
und einer Verwirrung
und dem Schmerz
der Demütigung
und dem Bewusstsein
des eigenen Endes.
Die Schläger finden Nachahmer,
wenn man sie darstellt,
wenn man ihr Schlagen und Treten und
Totschlagen und Tottreten
nachstellt,
dann gibt es Verblödete
und Gewaltbereite
und die, die verblödet sind
in der Gewalt
gegen Gott und die Welt und
gegen alle und alles und jeden,

die das nachmachen wollen.
Diese Gefahr gibt es,
wenn man einen solchen Film macht.
Wir waren nicht in München Solln,
wir kennen das Opfer nicht,
wir haben nicht annährend
eine Ahnung von dem,
was der Mann fühlte,
was er dachte,
als man ihn angriff,
um ihn umzubringen.
Wir warten nicht auf die Polizei,
die zu spät kommt,
während sie bei jedem,
der eine Zigarette
auf den Bürgersteig schnippt
und jedem Köter,
der auf die Straße scheißt,
sofort zur Stelle ist.
Stirbt ein Mensch,
indem Jugendliche ihn totschlagen,
ist sie nicht da.
Und deswegen drehen wir keinen Film.
Deswegen ist jeder Film
eine Anmaßung,
was das Opfer
betrifft,
und jeder Film
spielt den Sieg nur den Falschen
in die Hände,
denen, die in ihrem
brutalen Stumpfsinn
plötzlich eigene Rollen
von ihren Stellvertretern
und heimlichen Vorbildern

gespielt sehen.
Wenn ich etwas hasse,
dann ist es die Menschenverachtung,
vor allem,
wenn sie von Menschen kommt,
die nicht bis drei zählen können
und innerlich wie äußerlich
verschmutzt sind.
Alle schweigen. Dann ruft Kappa:
Die Kameras aus!
Sook, das war's!
Die einzige Möglichkeit!
Ich hatte die ganze Zeit
ein schlechtes Gefühl,
immer dachte ich,
muss man das wirklich zeigen?
Diese ganze beschissene Gewalt!
Was hätte man damit gesagt?
FURMAN Sook, das war gut,
an allem anderen hätte man sich verhoben,
und die Leute hätten was zu feixen,
man lässt das Opfer ein zweites Mal sterben,
das ist so,
wenn man seinen Einsatz
nachstellt,
sein Mut wird mit Füßen getreten,
wenn man den Angriff
nachstellt.
Das macht den Mann nicht wieder lebendig,
wenn wir ihn zeigen
in seiner letzten Lebenssituation,
wenn man die Schläger reden lässt,
wenn man ihre Sprache wiedergibt,
die zu den abscheulichen
und verzichtbaren

und den sadistischen
und den blutigsten
Sprachen gehört.
Das wird ihm nicht gerecht,
wenn man zeigt,
dass alle wegsahen und niemand half,
da zeigen wir nur die Scham,
die er empfunden haben musste,
die, von den Schlägern selbst
einmal abgesehen,
den anderen Menschen,
den Zeugen seines Sterbens,
galt.
MONA Es ist gut,
dass Sook sich so entschieden hat,
wir wären auf einer Stufe mit den Schlägern,
nicht auf einer Stufe mit dem Opfer.
Unser Film wäre ein neues Lehrstück
für Menschen,
die ihre Schwäche
mit Gewalt
kompensieren.
Denn jeder,
der hemmungslos ist
und keine Skrupel kennt,
kann jeden totschlagen,
sei der noch so stark,
denn nur die Hemmung
verhindert,
dass man sein eigenes Ende
in dieser Form
für möglich hält,
schon gar nicht,
wenn man zwei Jugendlichen
gegenübersteht,

und nur die Hemmung bremst
und nur der Skrupel verhindert,
in diese Jugendliche hineinzutreten,
bevor sie dies
mit einem selbst tun.

KAPPA Ich bin für Selbstbewaffnung!

SOOK Ich auch.

MOROSS Selbstbewaffnung ist der nächste Schritt
in dieser Gesellschaft!

KAPPA Selbstbewaffnung in
Ermangelung von Polizei
am rechten Ort
zur richtigen Zeit.

CORY Sook hat richtig zugeschlagen!

SOOK Ihr wolltet mich umbringen.

CHAO-Y. Mir tut die ganze Fresse weh.

SOOK Richtig so,
du hast dir nicht die Mühe gemacht,
in angemessener Weise
über deinen Film
nachzudenken,
dann passiert das,
was passiert ist.

KAPPA Richtig!
Obwohl ich für den Film war,
sehe ich jetzt,
wie sehr sich alles in mir
gegen ihn sträubte.

MOROSS Lasst uns andere Schritte gehen.
Ein neuer Ansatz,
ein anderes Thema...

Alle sehen sich an.

LAYLA Ich habe eine Idee.

KAPPA Kein Lolita-Zeug!

WENDY Lass sie doch ausreden...

KAPPA Gut, dann lass ich sie ausreden.

Vierte Szene

LAYLA Ich möchte mit Cory
   meinen Vater und mich spielen.
KAPPA Gut.
MOROSS Und um was geht es?
LAYLA Ich habe das auf dem Weg hierher
   mit Cory besprochen,
   es geht darum,
   dass mein Vater mit Mitte fünfzig
   plötzlich arbeitslos geworden ist.
KAPPA Ich lass' die Kameras laufen.
*Kappa geht zu den Stativen, Layla und Cory setzen sich an einen
Tisch.*
KAPPA Los geht's!
*Aufmerksam betrachten die anderen die Szene, Layla und Cory an
dem Tisch sitzend.*
Längeres Schweigen zunächst.
CORY Nicht zu fassen,
   da geht man dreißig Jahre in denselben Betrieb
   und dann das.
LAYLA Ja, Papa.
CORY Meine Tätigkeit war ja nicht anspruchsvoll,
   aber sie war mir wichtig.
   Quelle hat mich bezahlt, natürlich,
   dreißig Jahre lang haben sie mich bezahlt,
   und ich war dreißig Jahre lang jeden Tag zur Stelle,
   ohne Ausnahme,
   bei Wind und Wetter bin ich hin,
   zu jeder Jahreszeit, an jedem Tag,
   stets zu Diensten.
   Und jetzt ist die Quelle versiegt,
   die Arbeitsquelle,
   die Geldquelle,
   die Quelle des Anscheins

eines Inhalts,
die Quelle des aberwitzigen Gedankens,
gebraucht zu werden.
Dass ein Haus wie *Quelle* schließt,
diese Vorstellung ist mir ganz und gar fremd,
diese Vorstellung kommt mir wie erfunden vor,
wie eine Unmöglichkeit.
LAYLA Ich verstehe nicht,
dass du auch noch hilfst,
deine Filiale aufzuräumen,
um sie besenrein zu hinterlassen,
nur um dir dann sowieso
deine Papiere geben zu lassen.
CORY Es wird bezahlt,
und einer muss es ja machen.
LAYLA Dafür wäre ich mir zu schade,
da wäre ich zu stolz.
Einen Monat früher oder später
arbeitslos,
das macht es auch nicht besser,
wenn du wie ein Lakai den Besen schwingst
in einem Laden,
den es schon nicht mehr gibt.
CORY Ja, wie ein Lakai,
das trifft es wohl.
Das Leben bei *Quelle* war ja nicht schlecht,
eintönig zwar,
aber immerhin,
wir waren ein großes Haus,
eine Firma,
die niemand in Frage stellte
und deren Existenz
unumstößlich
fest stand.
Nun ist es,

als habe man mir
mit einem Schlag
den Sinn
meines dreißigjährigen Tuns
und meiner dreißigjährigen Treue
genommen.
Ich finde nichts Neues,
etwas Vergleichbares sowieso nicht.
Jetzt bin ich alt,
die Umschulungsmaßnahmen,
die man uns anbietet,
sind Augenwischerei.
Nur die ganz Jungen kriegen was,
wenn überhaupt.
Ich habe mein Leben vergeudet mit *Quelle*.
Jetzt ist *Quelle* weg,
es ist, als habe es *Quelle* nie gegeben
und mich auch nicht,
und es ist,
als habe ich mein Leben
ausschließlich mit Unsinn verbracht.
LAYLA Und jetzt?
CORY Nichts ist jetzt.
Ich habe nie verstanden,
warum dein älterer Bruder
sich das Leben
genommen hat,
jetzt verstehe ich es.
Er war ein Harmoniemensch,
er ahnte, was auf ihn zukam,
er wäre an jedem Konkurrenzdruck
gescheitert,
das wusste er schon mit fünfzehn.
Würde er mich jetzt sehen,
was würde er wohl denken?

Dass ich mein Leben verschwendet habe für nichts,
während er sich seins genommen hat,
bevor er es für einen Unsinn
verschwenden konnte,
dass es uns im Grunde ähnlich ergangen ist,
würde er das so sehen?
Ich sehe es so.
LAYLA Weißt du noch,
wie gerne er amerikanische Serien gesehen hat?
Lassie, Bonanza, Bezaubernde Jeannie,
Ich glaube, Jeannie
war seine erste große Liebe.
CORY Barbara Eden!
So eine hübsche junge Frau!
Gibt es etwas Schöneres
und Vielversprechenderes
als einen solchen Flaschengeist?
Selbst ich war vernarrt in Jeannie.
Die Eden selbst
hat sich nie erholt
von diesem Märchen.
LAYLA Am meisten liebte er aber *Flipper.*
CORY Insgeheim wollte er einen Vater
wie Ranger Porter Ricks.
LAYLA *Flipper ist unser bester Freund,*
lustig wird's immer, wenn er erscheint.
Spaß will er machen, tolle Tricks,
er bringt uns Stunden des Glücks.
Man ruft nur Flipper, Flipper, gleich wird er kommen,
jeder kennt ihn – den klugen Delphin.

Cory trinkt ein Bier, schweigt lange, dann singt er tonlos und leise:
CORY *Wir lieben Flipper, Flipper, den Freund aller Kinder,*
Große nicht minder, lieben auch ihn.

Sie schweigen. Dann:
CORY Dein Bruder erhoffte sich sehnsüchtig
    eine Lebensharmonie,
    so sehr,
    wie ich es noch bei niemandem
    gesehen habe.
    Er hatte schon Angst vor der Schule,
    aber das Erwerbsleben erst,
    war ein Grauen für ihn
    und dies zu einem Zeitpunkt,
    da das Erwerbsleben
    einfach war.
    Jeder, der arbeiten wollte,
    bekam Arbeit.
    Und heute gibt es keine Arbeit,
    wie es aussieht,
    und die, die Arbeit haben,
    die, die die Arbeit
    untereinander aufteilen,
    blähen ihre Funktionen auf,
    sind die Kompetenz selbst,
    so wie sie sich aufführen,
    wie ferngesteuert,
    kalt und unnahbar,
    dreist und hinterhältig,
    jung, dynamisch und flexibel,
    Monster eigentlich,
    sie kennen keine Freunde,
    sie verkaufen der Firma
    die eigene Großmutter,
    sie beißen die anderen weg,
    mobben und schwärzen an,
    machen Überstunden umsonst,
    teils gezwungenermaßen,
    teils aber auch freiwillig.

Wenn dein Bruder das gewusst hätte,
wie fern wäre dann die Harmonie,
die er zum Leben brauchte,
wie groß wäre dann seine Angst gewesen,
aber größer,
als sich ihretwegen
das Leben zu nehmen,
hätte sie auch nicht sein können.
LAYLA Ich glaube,
er nahm Drogen,
weil er sich plötzlich getäuscht fühlte
von den ganzen Zombies wie Ranger Porter Ricks
und der Cartwright Familie,
ich glaube, er konnte es nicht ertragen,
dass es Jeannie niemals geben würde,
letztlich ist er an dem Kitsch und dem Müll
der amerikanischen Filmindustrie
zugrunde gegangen.
CORY Aber wir alle haben solche Filme gesehen.
LAYLA Er aber war so sensibel,
ihm hat die Lüge der heilen Welt,
die zynischerweise
die amerikanische Lüge
einer heilen Welt war,
wo doch jedes Kind weiß,
dass es die Amerikaner mit der Wahrheit
nicht so genau nehmen,
das Kreuz gebrochen.
CORY Deswegen finde ich gut,
dass du an der Filmschule studierst,
denn wenn du nur
das kleinste Bisschen erreichst,
das anders ist
als das,
womit wir uns

all die Jahre
freiwillig haben füttern lassen
und uns vollgestopft haben
während unseres
sogenannten Feierabends,
nach all der unsinnigen Arbeit,
wie man jetzt sieht,
dann hast du schon mehr erreicht,
als Leute wie ich,
die man jetzt wegschmeißt.
Tu es für deinen Bruder
und für mich,
dreh Filme,
die etwas mit der Wirklichkeit
zu tun haben.
Und arbeite bloß nicht fürs Fernsehen.
LAYLA Nicht fürs Fernsehen, sagst ausgerechnet du?
Du hast dreißig Jahre lang nach der Arbeit
fern gesehen.
Jeden Abend.
CORY Alle haben das getan.
Jetzt sehen wir,
wohin das geführt hat.
In die völlige Verdummung
und zur Auflösung
und der Zersetzung
der ganzen Persönlichkeit
und dem Verlust
von allem,
was das Leben
lebenswert macht,
hat das geführt.
LAYLA Ja, Papa.
CORY Dieses Jahr
ist Pernell Roberts

gestorben,
Adam Cartwright,
weißt du noch,
den liebte dein Bruder besonders,
weil Adam ein Außenseiter war
und immer Schwarz trug.
Da wäre dein Bruder sehr traurig,
wenn er wüsste,
dass Adam tot ist.
LAYLA Jetzt wäre es ihm egal,
  denn jetzt ist es zu spät.
CORY Jetzt kann ich mich bald
  neben deinen Bruder legen.
LAYLA Wegen *Quelle* doch nicht.
CORY Doch, wegen *Quelle*.
LAYLA Wegen so einer beschissenen Firma?
CORY Ja, deswegen,
  weil ich mein ganzes Leben
  damit vertan habe
  und ich kein zweites habe,
  um diesen Irrtum
  zu revidieren.
  Heute ist man in meinem Alter
  alt und zu nichts mehr gut.
LAYLA Ich brauche dich!
CORY Auf einen Vater
  muss man stolz sein können.
LAYLA Aber ich liebe dich!
CORY Deinen Bruder haben wir auch geliebt.
LAYLA Ach, Papa.
Layla steht auf und umarmt Cory, sie bleiben lange in dieser Umarmung verharren.
Die anderen sehen einander an, niemand sagt etwas. Kappa macht die Kameras aus.

Fünfte Szene

Kappa und Furman sitzen sich auf zwei Stühlen gegenüber, Mona schaltet die Kameras ein. Im Hintergrund, schnell auf ein Schild hingeworfen, das Wort Job-Center.

FURMAN *blättert in Unterlagen*: Was haben wir denn hier...

KAPPA Sie müssen mir ein wenig auf die Sprünge helfen,
  das ist alles neu für mich.

FURMAN Sie haben also Theologie
  und Sprachwissenschaften studiert...

KAPPA Schwerpunkt Morphonologie,
  was die Sprachwissenschaften angeht.

FURMAN So, so, eines sollten Sie vorab
  schon zur Kenntnis nehmen,
  auf Klugscheißer
  legen wir hier
  keinen besonderen Wert.

KAPPA Aha.

FURMAN Ja.

Sie schweigen, Furman blättert von vorn alle Unterlagen durch.

KAPPA Sagen Sie,
  wieso nennen Sie sich Job-Center?

FURMAN Darum geht es jetzt nicht.

KAPPA Befinde ich mich im Zentrum
  aller zu vergebener Jobs?

FURMAN Das hätten Sie wohl gerne!

KAPPA Sind Sie als Behörde
  der besser gekleidete Bruder
  von Hartz IV?

FURMAN Was reden Sie denn da!
  Kommen wir zur Sache...

KAPPA Der Namensgeber der Unterstützung,
  der Grundsicherung,
  der ist doch vorbestraft,
  soviel ich weiß...

FURMAN Zügeln Sie sich!

KAPPA Man möchte ja wissen,
mit wem man es zu tun hat,
als Hilfesuchender,
der sich an ein Amt wendet,
das sich so nennt.

FURMAN Zurück zu Ihnen...

KAPPA Gerne.

FURMAN Da sehe ich schwarz.

KAPPA Wieso?

FURMAN Mit diesem Studium,
Theologie und Sprachwissenschaften,
da sehe ich nichts.

KAPPA Als ich mich von Gott abwandte,
oder er sich von mir, was nicht zu klären ist,
und als ich darüber hinaus
das eigentliche Interesse
an den Sprachwissenschaften
und der Sprache selbst
verlor,
da bin ich
als Hilfskraft zu *AEG* gegangen,
dann zu *Karstadt*,
denn auch jemand,
den der Zweifel überkommt,
muss sich ernähren.
An diese Tätigkeiten
als Hilfskraft
möchte ich anknüpfen,
damit ich meinen Kopf
nicht belaste,
damit er sich ausruhen kann,
bis ich zu einer Klärung
meiner Lebenssituation
und der Erschließung meiner Lebensbegründung

komme.

Als Hilfskraft möchte ich
meine Existenz sichern.

Leider gibt es *AEG* nicht mehr,
und *Karstadt* kämpft selbst
ums Überleben
und mag sich nicht
mit Hilfskräften belasten.

FURMAN Sind Sie Alkoholiker?

KAPPA Nein,
wieso fragen Sie mich das?

FURMAN Sie reden so seltsam.

KAPPA Haben Sie studiert?

FURMAN Sehe ich etwa so aus?

KAPPA Trinken Sie denn gerne mal einen?

FURMAN Selbstverständlich,
was glauben Sie,
was ich hier alles erlebe,
da muss ich doch wenigstens abends
einmal abschalten dürfen.

KAPPA Ich könnte als Religionslehrer arbeiten.

FURMAN Wir suchen welche für die Muslime,
unsere islamischen Mitbürger.

KAPPA Tut mir leid,
damit kann ich nicht dienen.

FURMAN Schade,
denn das ist jetzt schwer im Kommen.

KAPPA Wie gesagt...

FURMAN Wir können Ihre Grundsicherung übernehmen,
die Miete zahlen
und die Überweisung einer gewissen Summe veranlassen...

KAPPA Ich hätte lieber Arbeit.

FURMAN Langsam, langsam,
lassen Sie mich ausreden.
Also: und darüber hinaus könnten Sie sich

ein Zubrot verdienen.
In ihrem Fall denke ich da an einen
Ein-Euro-Job.
KAPPA Ich weiß nicht recht...
FURMAN Sie haben Glück,
ich hätte da etwas,
wo Sie als Theologe
gut aufgehoben wären.
KAPPA Ja?
FURMAN Leichte Gartenarbeit
auf einem Friedhof,
ich kenne die Gärtnerei,
die freut sich immer
über unbezahlte Kräfte,
und wir übernehmen
die Kosten gerne,
weil es unser Job ist,
die Menschen
an die Arbeit
heranzuführen.
KAPPA Auf dem Friedhof?
FURMAN Ein erstklassiger Friedhof.
KAPPA Dann bin ich ja des Pfarrers Kollege,
wenn er die Bestattungen
durchführt...
FURMAN Vorsicht, Freundchen,
Sie sind höchstens Kollege
Der übrigen ungelernten Kräfte,
die wir zum Friedhof schicken.
KAPPA Ich hätte lieber eine andere Arbeit.
FURMAN Sie haben hier
gar nichts zu wollen,
Sie können froh sein,
dass ich Ihnen
diesen Ein-Euro-Job

überhaupt anbiete,
denn den wollen
schon etliche andere,
die auf der Warteliste stehen.
KAPPA Wenn ich im Freien arbeite,
wenn ich körperlich arbeite,
was ich sonst nicht tue,
da ich nur geistig arbeite,
wenn ich nicht gerade als Hilfskraft arbeite,
dann werde ich mich anders ernähren müssen,
dafür aber fehlt mir das Geld.
FURMAN Glauben Sie nicht,
dass wir nicht mitdenken,
dass wir uns nicht
in die Menschen
und deren Notlage
hineinversetzen können.
Daher gebe ich Ihnen,
ich müsste es nicht,
aber ich tue es,
eine Liste mit Adressen
von Suppenküchen.
Da essen sich die Armen satt.
Die Suppenküchen expandieren,
da können Sie essen,
da können Sie
soziale Kontakte knüpfen,
da sind Sie wieder
mitten drin
im Leben.
KAPPA *schreit* Mona, mach die Kameras aus!
Das wird mir hier zu heikel.
Es ekelt mich an!
FURMAN Das ist kein Film,
den wir drehen,

das ist eher
eine Szene aus einem Theaterstück.
KAPPA Wir schneiden das,
ein paar Spezialeffekte,
etwas herbe Mucke,
dann ist es ein Film.
FURMAN Ich weiß schon jetzt,
was man uns vorhalten wird:
Gewalt in Deutschland,
so ein alter Hut,
wo wir doch Meister der Gewalt waren
in Deutschland,
nur dass uns jetzt
einige die Arbeit abnehmen,
das Wort Ausländer vermeide ich bewusst,
sonst bin ich ja gleich
rechtsradikal,
also Jugendliche
mit Migrationshintergrund
helfen uns,
was die Gewalt
in Deutschland
betrifft,
so wäre es
politisch korrekt
formuliert.
Gewalt in Deutschland,
werden sie sagen,
die gibt es natürlich,
aber man muss ja nicht
ständig über alles reden.
KAPPA Spätpubertäre Nestbeschmutzung
wird man sagen,
das ist es,
und das hat nichts

mit sogenannter Filmkunst zu tun.
Wieso macht ihr es nicht sauber
wie andere,
die in die Werbung gehen
und Klobrillen reden lassen
und Kleindarsteller,
die aussehen wie Gelehrte
und in affigen Labors,
über die Beschaffenheit
von Zahnbürsten
dozieren, zeigen?
FURMAN Gewalt,
Arbeitslosigkeit
und Hartz IV,
ausgerechnet Hartz IV,
das laut unserer Regierung
eine Einladung
zum anstrengungslosen Wohlstand
und spätrömischer Dekadenz ist.
Wieso fallen den jungen Leuten
von der Filmschule
immer nur Klischees ein,
werden sie sagen.
KAPPA Überhaupt,
alle hängen sich
an die Krise dran,
wo doch die Kanzlerin
klar und deutlich sagt,
dass wir gestärkt aus
der Krise hervorgehen werden.
Dann ist es doch kleinlich,
wenn wir die Krise ausnehmen
wie eine Weihnachtsgans.
FURMAN Vielleicht betreiben wir nur Sozialromantik.
Wendy geht zu den beiden.

WENDY Man muss aufpassen,
　　dass man nicht als jemand gesehen wird,
　　der einfach nur
　　einen Weltschmerz hat.
KAPPA Und sich undifferenziert äußert,
　　was die Gesellschaft betrifft.
FURMAN Die haben einen pubertären Schmerz,
　　werden sie sagen.
KAPPA Sie sind nie um was verlegen,
　　wenn sie einen kleinhalten wollen.
WENDY Wir machen hier Sachen,
　　die nicht angesagt sind.
KAPPA Arm und Reich ist angesagt,
　　Privatfernsehen ist angesagt.
　　Keiner braucht Filmemacher,
　　machen wir uns nichts vor,
　　es sei denn
　　für die Werbung
　　oder den Kulturschwindel.
FURMAN Wir kommen ja
　　von der Filmkultur
　　eines Herbert Achternbusch
　　und eines Pier Paolo Pasolini,
　　was unsere Vorbilder betrifft,
　　da sieht es düster aus
　　für Leute wie uns.
WENDY In einer Gesellschaft ohne Moral
　　kann man keine moralischen Filme anbieten.
　　Der Film dient nur noch
　　der reinen Unterhaltung.
　　Was bleibt dann noch?
KAPPA Der Untergrund
　　und das Netz.
FURMAN Der Untergrund und das Netz
　　sind Verbündete!

WENDY Es gibt keine Privatheit mehr,
    alles ist öffentlich,
    denn das Private ist es auch,
    das Private ist öffentlich
    und dadurch anonym.
KAPPA Und?
WENDY Ich kann anonym alles sagen
    und es mit meinem Namen signieren,
    da Namen überschätzt werden
    und nichts sind
    als beliebig
    und austauschbar.
    Der Datenklau wird überschätzt,
    weil mit diesen Daten keiner was anfangen kann,
    es sei denn,
    um irgendwelche Konten zu plündern,
    aber ansonsten,
    ansonsten sind alle Namen
    Schall und Rauch, wie bekannt ist,
    und alle Geschichten
    letztlich auch.
KAPPA Und, was willst du sagen?
WENDY Die Beatles sind tot,
    will ich damit sagen.
FURMAN Die Beatles?
WENDY Ja, Filme wie
    Help oder *A Hard Days Night*
    wird es nicht mehr geben.
KAPPA Die Beatles,
    was Verstaubteres
    fällt dir wohl nicht ein, wie?
WENDY *Helter Skelter*, sag ich nur.
KAPPA Ja, schöne Nummer,
    das fand der satanistische Manson leider auch.
    Und nun?

WENDY Du raffst es einfach nicht.

KAPPA Was gibt es da zu raffen?

WENDY Richard Lester wollte mit *Help*
einen kommerziellen Film machen,
aber die Beatles
haben daraus einen Untergrundfilm gemacht,
darum geht es.
Wenn du sozialkritische Filme machen willst,
dann musst du wie die Beatles da rangehen.

KAPPA Ich versteh dich nicht,
sag mir lieber,
was du drehen willst.

WENDY Das wirst du ja sehen.

Mona steht an den Stativen und raucht eine Zigarette.

Sechste Szene

Wendy und Chao-Y. gehen auf der Bühne hin und her, Sook schaltet
die Kameras ein, geht zur Musikanlage. Die Musik spielt:
Help, I need somebody,
Help, not just anybody,
Help, you know I need someone, heeeelp.
When I was younger, so much younger than today,
I never needed anybody's help in any way.
But now these days are gone, I'm not so self assured,
Now I find I've changed my mind and opened up the doors.
Hier hört sie auf.

CHAO-Y. Das war gar nicht so einfach,
    in dein Atelier zu kommen,
    ich darf doch du sagen?
    Ich könnte ja
    dein Vater sein -
    vom Alter her.
    Bei mir ist zeitlich alles sehr eng.
    Alle wollen was von mir,
    dabei ist das Geschäft mau,
    der Kunstmarkt ist ins Stocken geraten,
    gut, das Hochpreisige,
    das geht,
    Giacometti
    sage ich nur,
    aber sonst:
    Die Krise hat zugeschlagen,
    nun geht es ans Eingemachte!
WENDY Gerade habe ich mein
    Kunststudium beendet,
    nun suche ich Wege...
CHAO-Y. Meisterschüler?
WENDY Ja.
CHAO-Y. Ich nehme nur Meisterschüler.

WENDY Sind Sie denn auch ein Meistergalerist?

CHAO-Y. Vorsicht, mal nicht keck werden.

WENDY Wollen Sie meine Arbeiten sehen?

CHAO-Y. Deswegen bin ich ja gekommen.

Wendy stellt auf, was Keilrahmen sein sollen. Chao-Y. sieht kaum hin.

CHAO-Y. Als du mir die Mail geschrieben hast,
    wollte ich sie löschen,
    so wie ich es immer tue,
    wenn man mich
    einfach so anschreibt.
    Aber du hattest Glück,
    ich habe es nicht getan,
    sondern bin
    zu dir gekommen.
    Nicht, dass du denkst,
    es lag an deinen Bildern,
    ich war einfach nur neugierig,
    warum,
    keine Ahnung.
    Auf dich und deine Bilder
    hat die Welt nicht gewartet,
    so deutlich muss ich das sagen.
    Schon mal beobachtet,
    dass viele junge Russinnen
    auf dem Markt sind?
    Da gibt es eine,
    die malt mit Sand,
    die Russinnen bauen ja gerne auf Sand,
    aber die malt gleich direkt mit ihm,
    das hat doch was.
    Die aus dem Osten
    verstehen was vom Geschäft,
    läuft das eine nicht,
    machen sie eben ein anderes
    und ein nächstes

und wieder eins,
mit ganzem Einsatz
und allen Tricks.
Zurück zu dir:
Schon internationale Ausstellungen gehabt?
WENDY Nein,
ich habe nur gemalt
in der Akademie,
von morgens bis abends.
CHAO-Y. Schlecht, ganz schlecht.
Mit dem Malen allein ist es nicht getan.
Marketing ist alles.
Ich könnte dich machen,
ich könnte dich rausbringen,
die Arbeiten
breit streuen,
Kunstmessen,
Beijing
und die erste internationale Kunstmesse
in Marrakesh...
WENDY Von Beijing und Marrakesh
hab ich noch nie gehört,
was die Messen angeht,
nur von Köln und Karlsruhe.
CHAO-Y. War mir klar,
dass du keine Ahnung hast.
Die aus Köln laufen nach Mallorca,
um die Touris abzuschöpfen,
so verzweifelt sind die,
und Karlsruhe,
ich bitte dich....
WENDY Ich kenne mich nicht aus.
CHAO-Y. Sicher,
das sehe ich.
Wenn wir zusammen arbeiten wollen,

dann musst du umdenken,
was alles angeht.
Wenn ich dich aufbaue,
braucht das Jahre,
viel Arbeit,
sehr viel Arbeit,
Geld,
viel Geld.
WENDY Ich habe kein Geld.
Meine Vorstellung war eher,
mit meinen Bildern Geld zu verdienen.
CHAO-Y. Um Geld zu machen,
muss man erstmal Geld investieren,
sonst wird das nichts.
Die Galerien sponsern
ja die jungen Künstler
mehr als alles andere.
WENDY Aber die fünfzig Prozent,
die sie nehmen...
CHAO-Y. Wir müssten hundert Prozent nehmen,
so elend wie der Markt ist,
außerdem stehen die Künstler
bei uns Schlange.
Künstler gibt es wie Sand am Meer.
Gut, soweit das,
und was willst du jetzt von mir?
WENDY Eine Ausstellung.
CHAO-Y. Eine Ausstellung?
Eine Ausstellung!
Und wie stellst du dir das vor?
Dich kennt doch niemand.
Nein, nein,
man braucht eine Strategie,
einen Plan,
ein Konzept,

wir leben schließlich
nicht mehr im letzten Jahrhundert,
wo man noch mit einem einzigen Bild
bekannt werden konnte,
Les Demoiselles d'Avignon,
sag ich nur.
Ich gebe dir noch zehn Minuten,
dann bin ich weg,
ich habe Termine
und vergeude meine Zeit
nur ungern.

WENDY Sehen Sie sich doch wenigstens meine Bilder an.

CHAO-Y. Dann wären die zehn Minuten ja schon um,
außerdem sehe ich auf einen Blick,
mit wem ich es zu tun habe.
So malen viele.
Ich brauche von dir ein Zeichen,
dass es dir wirklich ernst ist
mit deiner Karriere.

WENDY Aber was für ein Zeichen denn?

CHAO-Y. Ein gewisses Entgegenkommen,
falls ich mich
für dich einsetzen sollte.

*Wendy geht ratlos vor ihren Bildern auf und ab, Chao-Y. sieht auf die
Uhr.*

Chao-Y. geht auf Wendy zu und umarmt sie heftig.

CHAO-Y: Tu nicht so,
du weißt,
wie es läuft,
das hast du doch schon
auf der Akademie mitgekriegt.

WENDY Was wollen Sie denn nur?

CHAO-Y. Blas ihn mir,
damit ich dich ficken kann,
du dummes Ding.

WENDY Niemals!

CHAO-Y. Gut, wie du meinst,

auf Wiedersehen,

ich gehe jetzt.

Wendy hält ihn fest. Chao-Y. sieht sie an, dann drückt er ihren Kopf
hinunter.

CHAO-Y. Ja, Schlampe,

so dumm bist du ja doch nicht.

Mach ihn hart,

darum geht es doch,

um das Animalische,

um die Lust,

sonst ergäbe nichts einen Sinn!

Wendy hockt vor ihm, ihr Kopf geht vor und zurück, dann wirft Chao-
Y. sie auf den Tisch, hebt ihr Kleid und nimmt sie von hinten.

CHAO-Y. Ich bring dich auf den Markt,

keine Sorge,

aber jetzt zeig mir erstmal,

dass sich das lohnt!

WENDY Bitte nicht von hinten!

CHAO-Y. Ich bestimme hier!

Los, sag mir:

Fick mich in den Arsch,

bitte fick mich in den Arsch

und spritz mich voll!

WENDY Nein, ich kann das nicht...

CHAO-Y. Sag es, du Schlampe!

WENDY Nein!

CHAO-Y. Sag es!

WENDY Ja, ja !

Fick mich!

CHAO-Y. Fick mich in den Arsch,

sollst du sagen!

WENDY Fick mich in den Arsch!

CHAO-Y. Ja, so ist es gut,

es geht doch.
Ich fick dich in den Arsch,
Ich ficke den ganzen Nachwuchs,
indem ich dich ficke,
Schlampenmalerin,
die du bist,
ich ficke dich,
ich ficke dich!

Chao-Y. zuckt kurz, dann zieht er den Reisverschluss seiner Hose hoch, Wendy zieht sich das Kleid wieder herunter.

CHAO-Y. Eine angenehme Begegnung,
eine schöne Begegnung,
eine besondere Begegnung,
ich werde sehen,
was sich tun lässt,
eine so sensible Malerin
mit so bemerkenswerten Arbeiten,
das wäre doch gelacht,
wenn sich daraus nichts machen ließe!
Ich werde mich in den
nächsten Tagen
bei dir melden,
aber ruf nicht in der Galerie an,
ich rufe dich an,
das ist besser.

Förmlich geben die beiden sich die Hand. Chao-Y. geht ab, Wendy lässt sich auf einen Stuhl fallen und starrt ins Leere.

KAPPA War es das?
Also wirklich,
ich bin ja ein Mann,
aber das hier
war wirklich frauenverachtend!

SOOK Ich denke nicht,
dass das wirklich so läuft,
so krass,

das glaube ich nicht.
KAPPA Kunststudium, die Beatles,
jetzt versteh ich, Wendy,
worauf du hinaus wolltest.
das geht Richtung Stuart Sutcliffe,
der ist ja auch verzweifelt,
aber niemand hat ihn gefickt
und ihm leere Versprechungen gemacht.
Lennon hat Kunst studiert,
und McCartney malt,
es gibt ja einen fetten Katalog,
nicht schlecht seine Bilder,
aber gut,
nur Harrison drohte Busfahrer zu werden,
so wie sein Vater,
und Ringo hätte bis ans Ende
seiner Tage
für drittklassige Nacht-Klubs
sozusagen
die Trommel gerührt.
Jetzt hat er seinen Stern
mit fast achtzig,
so laufen die Dinge,
wenn man viel Glück hat.
Da siehst du die Zusammenhänge, Wendy,
die Beatles und die bildende Kunst,
verstehe, verstehe,
aber deinen Film glaubt dir keine Socke,
das war völlig übertrieben,
und eigentlich erkenne ich
gar keinen Zusammenhang
mit den Beatles.
Immer kommst du mit den Beatles,
ob es passt oder nicht.
Dieser Galerist, ich weiß nicht.

Total überzeichnet die Szene.

WENDY Finde ich nicht.

Ich denke wirklich,

dass es so ist.

SOOK Kommt sehr frauenfeindlich rüber.

KAPPA Ich wäre dafür,

dass ihr die Rollen tauscht.

Chao-Y. soll ein junger Kunststudent sein

und Wendy eine Galeristin,

das wäre vielleicht besser,

dann wären wir weg

von allen Klischees.

Chao-Y. und Wendy stehen sich gegenüber, Mona schaltet die Kameras ein.

WENDY So, so, Sie wollen also von Ihrer Kunst leben.

CHAO-Y. Das habe ich vor, ja.

WENDY Träumen Sie weiter!

Haben Sie eine Ahnung,

was momentan auf dem Kunstmarkt los ist?

Sind Sie überhaupt Meisterschüler?

CHAO-Y. Ja, das bin ich.

WENDY Na immerhin.

Und wie alt sind Sie?

CHAO-Y. Sechsundzwanzig.

WENDY Fast schon zu alt.

CHAO-Y. Wie bitte?

WENDY Für einen Newcomer viel zu alt.

In New York wären Sie

als Künstler in ihrem Alter

ein alter Sack,

sogar in London

wären Sie das.

CHAO-Y. Aber wir sind ja hier im Rheinland.

WENDY Ich weiß nicht,

ob ich mich für Sie einsetzen werde,

ich bekomme jeden Tag Anfragen,
ich komme kaum noch zum arbeiten,
so viele Anfragen kommen herein,
alle von Leuten wie Ihnen,
die keine Ahnung haben,
was auf dem Kunstmarkt abgeht.
Auf Sie hat die Welt nicht gewartet,
glauben Sie mir.
Alle wollen sie was von mir,
die Steuer,
die Kollegen,
der Galerienverband,
die Künstlersozialkasse,
meine Praktikanten,
und reisen muss ich auch noch,
Market Research und Kundenbindung,
aber davon haben Sie ja keine Ahnung,
Sie sitzen in Ihrem Turm
und denken,
die Welt dreht sich um Sie.
Ich weiß nicht warum,
aber irgendwie
mag ich Sie trotzdem.

Wendy setzt sich hin und zieht ihr Kleid unmerklich höher. Caho-Y.
sieht die Galeristin verzweifelt an.

WENDY Auf der Basis von Freundschaft
und Nähe
lassen sich die Dinge
besser in Einklang bringen.

CHAO-Y. Wie meinen Sie das?

WENDY So, wie ich es sage,
mein lieber Freund,
wir sind doch erwachsene Leute.

Chao-Y. zögert kurz, dann kniet er vor Wendy nieder, und sein Kopf
verschwindet unter ihrem Kleid.

WENDY Ja, ja!
 Du bist ja gar nicht so dumm!
 Mein Mann,
 der sieht nur den jungen Sekretärinnen hinterher,
 der lebt für seine Firma,
 der versteht die ganze Kunst nicht,
 was ich leiste,
 das sieht er nicht,
 er steht auf der Vernissage
 mit dem Glas in der Hand
 und sieht gar nicht
 all die Arbeit,
 die dahinter steckt.
 Und ihr Künstler,
 ihr seht es auch nicht,
 immer haltet ihr nur die Hand auf
 und gebt uns noch ein schlechtes Gewissen
 obendrein.
 Ja, leck mich,
 du Drecksau,
 ja, das machst du gut,
 ich habe es an deinem Duktus erkannt,
 dass du auch sonst
 nicht ohne bist!
 Alles ist ein Geben und Nehmen,
 nur so funktioniert es,
 eine Galerie zu führen,
 das ist Schwerstarbeit,
 das sage ich dir!
 Ja, leck mich,
 es kommt mir gleich,
 da kommt es mir,
 so wie du mich leckst!
Wendy zuckt einige Male, dann kriecht Chao-Y. unter ihrem Kleid hervor. Die beiden sehen sich leer an.

WENDY *reicht ihm die Hand* Ich melde mich bei Ihnen,
  ich weiß nicht genau, wann,
  dieses Jahr ist eigentlich
  schon alles ausgebucht
  in meiner Galerie,
  aber ich werde Sie nicht vergessen.
*Chao-Y. geht langsam ab, Wendy ordnet ihr Kleid. Mona schaltet die
Kamera aus.*
KAPPA Dieser Film ist Scheiße!
  Die erste Version war Scheiße,
  und die zweite Version ist auch Scheiße.
SOOK Vielleicht doch nicht...
KAPPA Das ist doch Scheiße,
  das läuft doch niemals so ab!
WENDY Ich habe eine Freundin,
  die Kunst studiert hat...
KAPPA Da kann man ja die ganze Kunst vergessen,
  wenn das so eine Scheiße ist!
WENDY Der Besucher einer Ausstellung
  sieht das ja nicht,
  der ist ja unschuldig....
KAPPA Der wird für dumm verkauft.
WENDY Alle wollen etwas von dem Kuchen,
  die Galeristen,
  die Händler,
  das Personal,
  all die selbst ernannten Experten.
  Der Besucher einer Ausstellung
  bezahlt die ganze Party,
  wenn er etwas kauft.
KAPPA Das habe ich nicht gewusst
  und halte es immer noch für nicht möglich!
WENDY Wo es keine Abhängigkeit gibt,
  wird Abhängigkeit geschaffen,
  das ist in allen Bereichen so.

KAPPA Das macht mir richtig schlechte Laune,
   der Kunstmarkt, die Krise, alles.
SOOK Das ist der Ethikkollaps!
KAPPA Das ist der Kunst- und der Ethikkollaps!
MOROSS Es wurde noch nie so viel gemalt wie heute.
KAPPA Unsinn! Das Problem liegt woanders.
SOOK Es gab noch nie so viele Hausfrauen,
   die eine Galerie aufmachen
   und noch nie so viele Verlierer,
   die auf dem Kunstmarkt mitmischen wollen.
KAPPA Auf keine Vernissage werde ich mehr gehen!
SOOK Keine Vernissagen mehr!
FURMAN Ein Scheißfilm, wirklich.
WENDY Meine Freundin malt weiter.
KAPPA Das soll sie doch auch!
WENDY Trotz allem.
KAPPA Das macht sie richtig so.
FURMAN Man sollte Galerien abfackeln!
KAPPA Keine Gewalt!
WENDY Warum eigentlich nicht?
KAPPA Die Galerien zerstören sich selbst,
   es ist wie bei Krebs,
   daher ist Gewalt überflüssig.
WENDY Dann wird alles gut.
KAPPA So könnte man sagen.
MOROSS Man muss nur abwarten können.
KAPPA Ja, man muss nur abwarten können!
WENDY Die letzte Vernissage kommt bestimmt!
KAPPA Die kommt bestimmt!
WENDY Ein Künstler braucht keine Vernissage,
   er braucht auch keine Ausstellung,
   denn er stellt immer aus,
   ganz egal wo,
   er selbst ist
   eine einzige Ausstellung.

KAPPA Genau!

MOROSS So ist es!

FURMAN Der Künstler ist frei,
   er hat das ganze Netz auf seiner Seite,
   und das Netz vergisst nichts,
   so heißt es,
   also vergisst es auch den Künstler
   und seine Arbeit nicht.

MOROSS Ein Künstler muss sich heute
   nicht mehr ficken lassen!

KAPPA Ein Künstler kann heute
   selbst bestimmen,
   wen er fickt
   und von wem er sich ficken lässt,
   und das ist die Wahrheit!

Siebente Szene

Layla und Moross sitzen sich in zwei Sesseln gegenüber. Wendy schaltet die Kameras an.

MOROSS Zwei Stunden der Hinweg,
  zwei Stunden der Rückweg,
  acht Stunden Arbeit,
  zwei bis vier Überstunden,
  und alles nur,
  damit ich den Job behalte.
LAYLA Die Nachtschichten,
  die Wochenendschichten,
  nur damit mir keiner
  meinen Job wegnimmt.
MOROSS Ich bin leer und müde.
LAYLA Ich fühle mich nicht mehr.
MOROSS Manchmal frage ich mich,
  wieso Gott mich so bestraft,
  wo ich doch nur
  einer normalen Arbeit nachgehen möchte.
  Und ich tue das,
  und im Grunde
  zerbreche ich daran.
  Dann aber habe ich gestern
  im Fernsehen
  einen Mann aus Haiti etwas
  sagen hören,
  er sagte:
  Ich habe meine ganze Familie verloren,
  nun habe ich nur noch Gott.
  Da dachte ich,
  dass ich gar nicht weiß,
  wovon ich rede,
  wenn ich von Gott spreche,
  dass ich gar keine Weisheit habe,

dass dieser Mann weise ist
und nicht ich,
der ich sowieso alles andere
als weise bin.
Demütig und weise
und gottvertrauend,
das ist dieser Mann,
ich bin nichts davon.
LAYLA Wie soll es nur weitergehen?
Wir arbeiten und arbeiten,
aber wir sehen uns kaum noch,
und wenn wir uns sehen,
sind wir erschöpft.
MOROSS Ich kann diese vier Stunden Fahrt
nicht mehr ertragen
neben all der Arbeit.
Ich sollte mir da,
wo die Arbeit ist,
ein Zimmer nehmen.
LAYLA Dann sehen wir uns nur am Wochenende,
aber an drei Wochenenden im Monat
habe ich Dienst.
MOROSS Wir können nicht mehr zusammen sein,
unsere Arbeit
verhindert das und alles,
was uns ausmacht
als Paar,
das zusammen gehört.
LAYLA Aber wir sind doch ein Paar,
zehn Jahre leben wir schon zusammen.
MOROSS Ich habe keine Kraft mehr
für ein Leben als Partner.
Ich kann dein Partner nicht mehr sein,
all meine Kraft
habe ich meiner Firma verkauft.

LAYLA All meine Kraft
habe ich dem Krankenhaus
verkauft.
MOROSS Ein normales Liebesleben
und eine normale Beziehung als Paar,
das zusammen lebt,
ist unmöglich geworden,
möglich wäre es nur,
wenn wir sofort
mit aller Arbeit aufhörten
und das ginge nicht,
denn ohne Arbeit ist man nichts.
LAYLA Und wenn nur einer von uns
arbeiten würde?
MOROSS Dann reicht das Geld
nicht für zwei.
LAYLA Was sollen wir nur tun?
MOROSS Jeder muss nun alleine
weiter gehen.
Etwas anderes sehe ich nicht,
denn ich werde sonst
eines Tages zusammenbrechen,
weil meine Kraft nicht für uns beide reicht.
Und du würdest zusammenbrechen,
weil ich zusammengebrochen bin,
und du würdest zusammenbrechen,
weil du sowieso immer
kurz vor dem Zusammenbruch stehst.
LAYLA Jeder soll nun
alleine weiter gehen?
MOROSS Wir haben keine Wahl.
LAYLA Nur um zu überleben,
muss nun jeder von uns
alleine weiter gehen,
ist es das,

was du denkst?

MOROSS Ja, das denke ich.

Man lässt uns keine Wahl.

LAYLA Und dann ist alles aus?

Keine Gespräche mehr,

keine Vertrautheit,

keine Wärme,

kein Sex mehr,

nichts mehr?

MOROSS Gar nichts mehr,

nur noch Arbeit,

die man behalten muss,

weil sonst gar nichts mehr geht.

LAYLA Aber der Preis ist zu hoch!

MOROSS Wir trennen uns ja nicht,

weil wir uns nicht mehr lieben,

wir trennen uns,

weil keine Zeit

und deshalb keine Kraft

mehr bleibt,

um diese Liebe zu leben.

LAYLA Dann zerstört das,

was uns erhält,

alles was uns wichtig ist.

MOROSS Schon jetzt habe ich keine Kraft mehr,

ich ruiniere mich

und alles, woran ich glaube,

mit meiner Arbeit.

LAYLA Ich habe meine Nachtschichten

und alles andere

nur ertragen,

weil es uns gibt.

Wenn es uns nicht mehr gibt,

ertrage ich nichts mehr,

dann gehe ich unter,

dann ist mir egal,
wer meinen Job kriegt,
dann ist es egal,
wer mir die Arbeit nimmt.
MOROSS Sei doch vernünftig.
LAYLA Du lässt mich allein!
MOROSS Wir sind allein,
schon jetzt,
jeder auf seine Weise.
So allein war ich nie zuvor.
So einsam war mein Leben noch nie,
die Einsamkeit ist unbeschreiblich,
die Einsamkeit der Arbeit,
die ist grenzenlos
und alles in den Schatten stellend,
alles, was Licht war,
ist jetzt Schatten,
und alles Glück
ist in den Schatten gestellt
und ist nur noch Unglück.
LAYLA Die Einsamkeit der Arbeit
ist grausam,
und die Arbeit selbst
kennt keine Schonung,
sie verschleißt mich,
sie macht mich alt,
sie lässt mir nichts,
sie lässt nichts übrig von mir
und allem, woran ich glaube.
Nie wieder
werde ich
einen wie dich haben,
nie wieder werde ich so glücklich sein,
wie ich es einmal war,
die Arbeit nimmt alles

und gibt so wenig.
MOROSS Die Arbeit,
  die wir brauchen,
die nimmt,
was wir sind.
Niemals werde ich
so glücklich sein
wie mit dir,
als wir uns auf das Leben
vorbereitet haben.
Nun ist die Arbeit da
und wir,
wir sind nicht mehr da,
denn die Arbeit hat uns geschluckt.
Und hätten wir die Arbeit nicht,
würde uns die Armut schlucken,
und dann wären wir auch weg.
LAYLA So oder so,
  wir haben keine Chance.
MOROSS Gegen all das
  haben wir keine Chance.
LAYLA Wir sind
  auf uns selbst gestellt
und auf uns zurückgeworfen.
MOROSS So sehr auf uns selbst gestellt
  und auf uns zurückgeworfen,
wie es schlimmer eigentlich nicht mehr geht.
LAYLA Nur noch man selbst,
  man selbst und die Arbeit.
MOROSS Nur noch die Arbeit und man selbst.
Musik erklingt. Janis Joplin.
All is loneliness before me
Loneliness here for me.
Loneliness.
All is loneliness

Loneliness here for me
Loneliness here for me
Loneliness here for me
Loneliness here for me
Loneliness here for me.
Moross greift in seine Hose, mit der anderen Hand streichelt er sein
Gesicht. Layla streichelt ihre Brüste, ihr Haar, dann fasst sie sich
unters Kleid.
All is loneliness
Loneliness here for me
Loneliness before me
Loneliness before me
Loneliness before me
Loneliness before me
Loneliness.
Loneliness come botherin' 'round my house
Loneliness come botherin'
Loneliness come botherin'
Loneliness come botherin' round my house
Loneliness
Loneliness come worryin' round my door
Loneliness come worryin'
Loneliness come worryin'
Loneliness come worryin' round my door
Loneliness, oh loneliness
Layla stöhnt leise auf, Moross stöhnt leise auf.
LAYLA Nur man selbst,
   nur man selbst,
   alle Liebe,
   die man noch hat,
   frisst man selbst,
   alle Angst,
   die man hat,
   behält man für sich,
   alle Zärtlichkeit,

die man hat,
gilt nur noch einem selbst.
MOROSS Man ist sich selbst alles,
sonst hat man nichts
und niemanden,
denn jede Zeit fehlt,
und alle Kraft ist weg.

All is
Loneliness before me
Loneliness before me
Loneliness before me
Loneliness before me
Loneliness before me
Loneliness before me
Loneliness ...

LAYLA befriedigt sich selbst unter dem Kleid, Moross befriedigt sich selbst in der Hose. Dann stehen beide auf und gehen auseinander.

Wendy schaltet die Kameras aus. Die anderen sind wie erstarrt, dann springen sie auf und umarmen einander.

Musik ertönt: Love, love, love, love, love, love, love, love, love.

There's nothing you can do that can't be done.
Nothing you can sing that can't be sung.
Nothing you can say but you can learn how to play the game
It's easy.
There's nothing you can make that can't be made.
No one you can save that can't be saved.
Nothing you can do but you can learn how to be you
in time - It's easy.

KAPPA Was für ein Alptraum!

SOOK Ein einziger Alptraum!

MONA Ich kriege keine Luft mehr!

FURMAN So weit darf es nicht gehen!

CHAO-Y. Der ultimative Alptraum!

Alle umarmen einander und werfen sich auf den Boden und küssen und streicheln sich.

KAPPA Wir bleiben immer zusammen!

SOOK Immer!

MOROSS Für alle Zeiten!

MONA Für immer und ewig!

KAPPA Scheiß Mucke von damals,
  zieht einen einfach runter!

CORY Ich liebe euch!

MONA Wir lieben uns!

KAPPA Liebe ist Anarchie und Klassenkampf!

MOROSS Liebe ist alles!

SOOK Liebe ist alles!

FURMAN Liebe ist alles!

KAPPA Ohne Liebe
  ist alles nichts!

LAYLA In einer Gesellschaft ohne Liebe
  kann niemand mehr moralisch handeln!

KAPPA Eine Gesellschaft,
  deren einzige Vision
  eine Steuerreform ist,
  kann sich als gescheitert betrachten.
  In dieser Gesellschaft gibt es keine Verlierer,
  da diese Gesellschaft selbst längst verloren hat,
  sie macht die Armen ärmer
  und die Reichen reicher,
  das ist, was sie kann.
  Sie hetzt die Armen auf die Ärmsten,
  die Reichen bleiben fett.
  Steuersünder zu fahnden,
  ist nur ein Ablenkungsmanöver,
  damit man besser dasteht,
  damit es aussieht,
  als sei es einem
  an einer allgemeinen Gerechtigkeit
  gelegen.

FURMAN Die Gesellschaft verliert!

KAPPA Scheiß auf den Globalismus!
  Scheiß auf die Banken,
  die alles zum Einsturz gebracht haben,
  scheiß auf Gelb und Schwarz und Grün und Rot,
  all diese Farben sind nur grau,
  und jede Partei
  nennt jeden Alptraum zumutbar.
  Gerade mal die Linke geht noch.
  Nur eine empathische Gesellschaft
  kann überleben,
  unsere kann es nicht!
  Scheiß auf diese Gesellschaft!
  Nur mit Liebe geht's aus der Krise!
FURMAN Denn alles ist Liebe!
CORY Nur man selbst
  hat einen Wert!
LAYLA Nur man selbst!
MOROSS Nur man selbst,
  wer sonst!
SOOK
  Und wir befriedigen uns selbst,
  denn wer sonst sollte es tun,
  wenn nicht wir selbst?
LAYLA Nur wir selbst
  besorgen es uns!
MONA Nur wir selbst wissen,
  wie wir es besorgt haben wollen!
KAPPA Das ist die Wahrheit!
SOOK So einfach ist die Wahrheit!
LAYLA Die Selbstbefriedigung schützt uns
  vor Übergriffen!
FURMAN In einer Gesellschaft ohne Moral,
  muss man sich zu wehren wissen!
CORY Liebe ist alles,
  die Gesellschaft ist nichts!

KAPPA Genau!
  Genau!
  Genau!
MONA Scheiß auf eine Gesellschaft,
  die einen nur missbraucht!
KAPPA Das muss man so sagen!
  Unsere Parolen können gar nicht
  undifferenziert genug sein,
  denn so platt und ungehobelt,
  wie sich unsere Regierung äußert,
  das kann man gar nicht nachmachen,
  da klingt eine jede unserer Parolen
  wie Poesie.
SOOK Dann produzieren wir eben Sozialkitsch!
KAPPA Und ich schäme mich nicht dafür!

Achte Szene

Wendy geht langsam die Eisentreppe hinunter. Unten steht Sook. Cory macht die Kameras an.

WENDY Als künstlerisch gefestigte Persönlichkeit,
  wie mich die internationale Filmschule,
  die sich so nennt,
  sehen will,
  müsste ich demnach,
  bei Abschluss,
  eine internationale Künstlerin sein,
  denn wozu sonst
  studierte ich
  an einer internationalen Filmschule?
  Ich wäre dann
  eine Person
  des öffentlichen Interesses.
  Oder bin ich
  als Künstlerin
  Grund und Gegenstand der
  Erregung öffentlichen Ärgernisses?
  Dann hätte ich ja eine Straftat begangen,
  indem ich das bin,
  was ich bin
  und das tue,
  was ich tun muss.
Sie bleibt auf der vorletzten Stufe stehen. Sook steht mit dem Rücken zu ihr.
  Ich überlege immerzu,
  ob es sich nicht mit der
  Veröffentlichung der eigenen Person
  und der eigenen Arbeit
  so verhält,
  dass, je mehr man in der Öffentlichkeit ist
  als Künstler

und mit aller Arbeit,
desto verschwommener man wird,
man selbst und
letztlich sogar die Arbeit,
die man macht.
Ist man nicht am Schluss
unsichtbar?
Das frage ich mich immer.
Bin ich nicht im Grunde
unsichtbar,
erst für alle anderen,
am Ende gar für mich selbst?
Erst der Tod hebt meine Unsichtbarkeit auf,
wenn ich so öffentlich bin,
und erst wenn ich sterbe,
werde ich sichtbar,
und die Menschen weinen
vor Erlösung,
weil es eine Nervensäge
weniger gibt,
und weil es eine Kulturplage
weniger gibt,
und weil es eine Exzentrikerin
weniger gibt,
die ihnen Kopfschmerzen macht.
Aber dann ist es zu spät,
die Gesellschaft
hat einen Kopfschmerz weniger,
während mein Kopf
in der Erde liegt.
Ich bin unsichtbar!
Wir sind unsichtbar.
Der Künstler in Deutschland
war immer schon unsichtbar,
er musste nach Paris,

Big Sur oder New York,
Moskau und Kurumba,
aber in erster Linie
und zu allererst
natürlich nach Paris fahren,
um sichtbar zu werden,
kaum wieder hier,
ist ein jeder Künstler
letztlich unsichtbar,
nur wenn er endlich im Rollstuhl sitzt
und nach Atem ringt,
dann küsst der Kanzler seinen Ring,
und alle zahlen gerührt in eine Stiftung ein,
dann wird das eigentliche Problem
auf eine Krankheitsstufe
gehoben und verschoben,
dann wird er sichtbar
im Moment
seiner Aufgabe
und seines Sterbens.
Aber ich möchte sichtbar sein
für mich und für alle,
und das,
wenn ich jung bin und wild
und lebendig,
nicht erst,
wenn alles vorbei ist,
wenn mein Leben,
meine Bemühung,
meine Lust
und mein Traum
Worte aus einem alten Buch sind.
Wendy steht vor Sook und spricht ihn, der sie nicht ansieht, an.
WENDY Sieh mich an!
Sook rührt sich nicht, hebt nicht mal den Kopf.

WENDY Willst du mich nicht ansehen?
Sieh mich doch an!
Dafür steht meine Arbeit,
dass man hinsieht,
dafür stehe ich,
dass man mich ansieht,
nur wenn man mich ansieht,
sieht man etwas,
das ich sein kann.
Ich möchte angesehen werden,
ich möchte eine angesehene Künstlerin sein!
Ich möchte eine angesehene Frau sein!
Als Frau möchte ich gesehen werden.
Auch als Künstlerin
hat man eine Lebenslust,
eine Lust am Leben
und eine Lust zu leben
und eine Lust an sich,
eine Lust an sich selbst,
die man teilen möchte
im Sehen und Gesehenwerden
und im Fühlen
und in allem
und dem Letzten.
Sieh mich an!
Oder bin ich unsichtbar?
SOOK Ich sehe dich nicht,
ich bin ganz auf mich bezogen,
ohne diesen Bezug auf mich selbst,
kann ich mich auf nichts konzentrieren,
daher ist es nicht verwunderlich,
dass ich dich nicht sehe,
weil ich dich nicht sehen will
und es daher auch nicht kann.
In der Sichtbarkeit

wärst du mir viel zu nahe,
und ich kann nur leben,
indem ich die Menschen,
die mich umgeben,
auf Distanz halte.
WENDY Sieh mich an,
ich will diese Unsichtbarkeit nicht!
Sie ist das Gegenteil von allem,
was ich will
und für mich beabsichtige.

Sook bewegt sich nicht, er starrt auf seine Füße. Wendy öffnet ihre Bluse und streichelt ihre Brüste, dann streift sie ihre Bluse ab, lässt ihren Rock fallen und fasst sich zwischen die Beine, dann zieht sie ihren Slip aus und steht nackt da. Sie streichelt sich am ganzen Körper. Sook wippt vor und zurück, indem er weiter auf seine Füße schaut. Kappa läuft in die Szene.

KAPPA Deutschland ist ein Land
der schönen Frauen,
die einsam verzweifeln
an der Angst der Männer,
die eine Angst vor allem ist.
Nur die Frauen,
die innerlich und äußerlich
nicht schön sind,
finden ihresgleichen sofort
und ergehen sich in einem Gejammer
oder in einem vollmundigen Getöse,
je nachdem,
was gerade angesagt ist.
Deutschland ist kein Land
für große Frauen,
Deutschland ist ein Land der Schwächlinge
und der Frauen,
die als Männer
daherkommen,

da Deutschland keine Männer mehr hat,
sondern nur noch Patienten,
Deutschland ist ein Krankenhaus,
das niemand geheilt verlässt,
es sei denn als gelbe Oberschwester,
die uns die Welt erklärt.
Deutschland ist kein Land
der Dichter und Denker mehr,
es ist ein Land der Schwätzer und Hochstapler,
nur die Banker und die Manager
denken noch an ihre Familien.
Keine Bonuszahlungen für die,
die verzweifeln,
weil ihnen die Arbeit
ins Ausland
davon läuft,
keine Bonuszahlungen
für die, die verschuldet sind
und die sich besser gleich den Strick nehmen,
keine Bonuszahlungen für Künstler,
sofern sie noch leben,
wenn sie endlich sterben,
kann man neu verhandeln!
Keine Bonuszahlungen!
Keine Bonuszahlungen!
Keine Bonuszahlungen!
Die Kanzlerin hat uns allein gelassen,
sie lässt uns im Regen stehen,
so gemütlich sie auch daher kommt
in ihren verstaubten Kostümen,
die so sehr nach Heimat aussehen,
nach hundert Jahren Kaffeetrinken
und Kirche am Sonntag,
da sollte man sich nicht täuschen,
sie lässt uns alleine!

Das schwarz-gelbe Ehepaar
ist das Gesicht Deutschlands,
es ist kein feines Gesicht,
es ist ein grobes,
es ist ein Gesicht,
das sich uns nicht zuwendet,
es ist ein Gesicht,
von dem wir uns abwenden müssen,
sobald wir es sehen,
weil es uns unmöglich ist,
in dieses Gesicht
hinein zu sehen.

Wendy streichelt ihren Körper, während Kappa abgeht und Sook heftiger vor und zurück wippt.

WENDY Sieh mich an!
Bin ich so hässlich,
dass du mich nicht sehen willst?
Bin ich so wenig,
dass ich für dich nichts bin?
Bin ich unsichtbar,
bin ich durchsichtig?
Kann man durch mich hindurchsehen?
Aber was sieht man dann,
wenn das so ist?
Sieh mich an!
Sieh mir in die Augen!
Sieh meinen Mund,
sieh meine Brüste,
meine Haut,
meine Hände,
mein Gesicht,
meine Möse,
die ich so
gewissenhaft
enthaart habe.

SOOK Nichts von all dem
    will ich sehen,
    denn ich habe genug
    mit mir zu tun.
WENDY Wir könnten uns zusammen tun,
    du und ich.
SOOK So geht das nicht.
WENDY Wie geht es dann?
SOOK Nichts geht mehr
    in diesen Zeiten.
WENDY Wie du das sagst!
    Das klingt so ausschließlich!
SOOK Nur das Ausschließliche
    kann mich noch retten!
WENDY Erreg ich dich denn nicht?
SOOK Nein!
WENDY Eine junge Frau,
    die erregt dich nicht?
SOOK Nein!
WENDY Eine Frau,
    die nackt vor dir steht,
    die erregt dich nicht?
SOOK Nein,
    nicht in diesen Zeiten.
WENDY Und wenn diese Zeiten vorbei wären,
    erregte sie dich dann?
SOOK Ich kann mir nicht vorstellen,
    wie es ist,
    wenn diese Zeiten vorbei sind,
    bis es aber soweit ist,
    falls es dazu kommt,
    verbiete ich mir jede Ablenkung
    und selbst die,
    die durch die Lust und die Neugier
    hervorgerufen ist.

Wendy streichelt ihren Körper unablässig und geht auf und ab, Sook wippt und schaut nicht.

WENDY Gib mir fünfzig, dann blas ich dir einen.

SOOK Fünfzig?

WENDY Ja.

SOOK Ich krieg das schon
   für dreißig
   heutzutage.

WENDY Dreißig, gut.

SOOK Zwanzig?

WENDY Zwanzig,
   und du siehst nicht mal hin?

SOOK Und ich seh nicht mal hin.

WENDY Gib mir zehn, aber sieh hin.

SOOK Ich will dich nicht ansehen,
   aber einen Zehner gebe ich dir,
   wenn du mir einen bläst.

WENDY Behalt dein Scheißgeld!

Wendy zieht sich an und geht ab, Sook bleibt stehen und hört auf zu wippen.

KAPPA Das ist das Unmenschliche!
   Das haben wir jetzt gefilmt!
   Das schneide ich gleich am Computer
   und stelle es ins Netz!

LAYLA Das ist das Unmenschliche!

SOOK Das ist das Unmenschliche!

CORY Unmenschlich!

MONA Ihr seid weit gegangen!

FURMAN Das ist mutig!

MOROSS Worin liegt der Mut?

MONA Im Nackten.

WENDY Nein, im Nacktsein,
   das wie bekleidet ist.

KAPPA Er will es nicht für zwanzig,
   und er will es nicht für zehn,

weil er hinsehen soll,
und das schafft er nicht,
so depressiv ist er.
MONA Aber wer ist er?
KAPPA Er ist Deutschland!
FURMAN Er ist Deutschland,
  aber wer ist sie?
KAPPA Sie ist die Freiheit!
WENDY Ich bin die Freiheit!
SOOK Da stehst du auf verlorenem Posten!
CAHO-Y. Ein guter Film!
KAPPA Ja, ein guter Film!
MOROSS Wir müssen schneiden!
LAYLA Wir müssen Musik unterlegen!
MOROSS Wendy war gut!
SOOK Sook war gut!

Neunte Szene

Layla schaltet die Kameras ein. Chao-Y., Wendy, Cory, Mona, Sook, Moross, Furman und Kappa gehen auf der Bühne auf und ab, Layla kommt hinzu, dann bleiben sie plötzlich stehen, indem sie ihr Gehen anhalten.

KAPPA Ich denke,
  die ganze Krise
  ist noch schlimmer,
  als man uns erzählt.
FURMAN Ich seh uns schon
  da stehen mit unserem Abschluss
  der Filmschule.
CHAO-Y. Der internationalen Filmschule!
KAPPA Nicht zu vergessen:
  der internationalen Filmschule!
MOROSS Vielleicht sollte man
  gar nicht erst abwarten,
  sondern sofort
  kriminell werden.
SOOK *zieht ein Papier aus der Tasche und liest vor:*
  Die aktuelle Finanzkrise verdeutlicht,
  dass im Rahmen der ökonomischen Globalisierung
  die Komplexität der Kapitalmärkte und Unternehmenskonstrukte
  ein bedenkliches Maß angenommen hat.
  Informationsdichte
  und technische Informationsverarbeitungsgeschwindigkeit
  sind rapide gestiegen.
  Gleichzeitig bringen Banken und Unternehmen
  unter dem wachsenden Gewinndruck
  immer neue Finanzprodukte
  bzw. Produktinnovationen auf den Markt.
  Dies wiederum nutzen Kriminelle für ihre illegalen Aktivitäten.
KAPPA Wer sagt das?
SOOK Das Bundeskriminalamt

auf seiner Herbsttagung.

KAPPA Ach so.

MOROSS *Wirtschaftsdelikte:*
Schaden steigt markant,
habe ich irgendwo gelesen.

KAPPA Unser Untergang wird markant sein.

CHAO-Y. Rechtsradikale Straftaten
steigen deutlich an, sagt man.

LAYLA Politisch motivierte
Kriminalität von links
ist sprunghaft angestiegen,
heißt es.

KAPPA Die Armut
hat sich flächendeckend verbreitet
und dies sprunghaft
und sich in unserer Gesellschaft
dauerhaft eingerichtet,
der Schaden ist markant.
Die Existenznot
treibt die Menschen
in die Enge und in die Flucht.
Wer interessiert sich da noch
für Filme?
Man kann die täglichen
Nachrichten
kaum mehr überbieten,
wie Fieberfantasien
kommen sie einem vor.

Die Studenten gehen wieder weiter, ohne eine erkennbare Ordnung, hin
und her. Nach einer Weile unterbrechen sie ihr Gehen und stehen re-
gungslos auf der Bühne.

MOROSS Nicht nur Harz IV-Empfänger bringen sich um,
auch Immobilienhändler,
Aktienhändler
und Unternehmer.

KAPPA Und,
    soll ich jetzt Mitleid haben
    mit Immobilienhändlern
    und Börsianern?
MOROSS Die bringen sich auch um.
KAPPA Weil es nie genug sein konnte,
    da kann ich kein Mitleid haben,
    bei Gier und Größenwahn
    verschwende ich mein Mitleid nur.
    Mitleid ist kostbar,
    das werfe ich nicht zum Fenster hinaus,
    so wie andere das Geld
    von Fremden.
MOROSS Bei einem Anstieg
    von Arbeitslosigkeit um drei Prozent,
    erhöht sich die Zahl der Suizidopfer
    um viereinhalb Prozent und die
    der Alkoholtoten um achtundzwanzig Prozent,
    heißt es.
KAPPA Wundert mich nicht.
WENDY Scham,
    Ehrverlust
    und narzisstische Kränkung
    sind die Ursachen
    für die Selbsttötung, sagt man.
KAPPA In einer Gesellschaft,
    die keine Scham kennt,
    muss sich niemand
    vor Scham
    das Leben nehmen.
    In einer Gesellschaft,
    deren zweites Gesicht
    der Ehrverlust ist,
    muss sich niemand
    das Leben nehmen.

MOROSS Erhängen oder Strangulieren,
   sind die häufigsten Selbsttötungsvorgehensweisen,
   jeder sechste nimmt Gift,
   jeder elfte erschießt sich.
KAPPA Zehntausend Selbstmorde
   in Deutschland
   jedes Jahr!
   Das sind zehntausend Filme,
   die niemand drehen will,
   das sind zehntausend Filme,
   die, wären sie gedreht worden,
   keine Zuschauer fänden,
   da es niemanden interessiert,
   solange keine Prominenz mitspielt
   und man tut,
   als habe man nichts kommen sehen
   und nichts hätte ahnen können,
   und man lehnt sich wohlig zurück,
   weil es hier so angenehm ist,
   verglichen mit der ewig schwarzen Erde
   und der ewig nachklingenden Schande.
MOROSS Alle sechsundfünfzig Minuten
   bringt sich einer um.
KAPPA Falls man sich nicht verrechnet hat.
LAYLA Die Zeitarbeiter bringen sich
   am häufigsten und zuerst um, sagt man.
KAPPA Das liegt auf der Hand,
   denn wer will schon ein Zeitarbeiter sein!
   Immer geködert mit einer Festanstellung,
   die es ja doch nicht gibt.
LAYLA Alle vier Sekunden
   ein Selbstmordversuch
   in Deutschland!
KAPPA *zählt eins, zwei, drei, vier an den Fingern ab.*
   Da, schon wieder einer!

MONA Psychosozialer Stress,
   Vereinsamung,
   Angst vor dem Versagen
   und dem Scheitern, heißt es.
KAPPA Wenn das so weiter geht,
   brauchen wir einen deutschen
   Aokigahara-Wald!
MOROSS Wir sollten zumindest
   die Selbsttötung
   so anerkennen,
   wie es die Japaner tun,
   die die Selbsttötung
   als ehrenhaft betrachten.
   Wir dürfen die Menschen,
   die das alles erleiden,
   nicht als offiziell gescheitert
   bezeichnen,
   wie es unsere Gesellschaft tut
   und das,
   ohne mit der Wimper zu zucken,
   vielleicht ist sie deshalb so kalt,
   weil sie selbst offiziell gescheitert ist,
   und nicht umsonst
   steckt man bei uns die Menschen,
   denen der Selbstmord,
   wie man die Selbsttötung ja doch nennt,
   misslingt,
   sofort in ein Landeskrankenhaus,
   wie eine Klapse so treffend heißt,
   das Krankenhaus des Landes,
   zur Beobachtung, wie es dann heißt.
   Was gibt es da zu beobachten,
   wenn jemand
   an allem und sich selbst
   verzweifelt?

Da hätte man mit den Beobachtungen
weit früher
beginnen müssen.

Alle lassen sich schlagartig auf den Boden fallen. Sie schweigen lange.
Dann:

MONA Was bleibt uns denn,
wenn mehr gestorben wird
auf diese Weise
als bei Verkehrsunfällen?

KAPPA Und das bei einem Verkehrsaufkommen,
das mörderisch ist!

LAYLA Ja, was bleibt uns dann?

MOROSS Wenn man in Deutschland lebt,
sollte man sich schon mal warm anziehen,
denn es kommt noch dicker,
das ist immer so,
wenn Politiker
von leichter Erholung sprechen,
so wie es immer Krieg gibt,
wenn sie vom Frieden reden,
das wusste schon Brecht.

SOOK Einsteigen!
Absteigen!
Aussteigen!

KAPPA Oder einfach nur umsteigen.

CHAO-Y. Aus einem fahrenden Zug
kann man nicht so einfach
aussteigen,
und umsteigen kann man erst recht nicht.

LAYLA Der Rückzug ins Private,
das wäre vielleicht doch der Weg.

KAPPA Das Private gibt es ja nicht mehr!

SOOK Wenn es das noch gäbe,
könnte man sich zurückziehen,
aber es gibt keinen Rückzug mehr,

weil das Private veröffentlicht ist.

WENDY Dann muss man eben angreifen!

KAPPA Und wen willst du angreifen?
Großkonzerne, die kommen und gehen
und immer neue Namen haben,
die allesamt absurd sind?
Politiker,
die kommen und gehen
und sich ähnlich sind
wie Geschwister
einer verdorbenen Familie?
Wen willst du angreifen?
Du kannst keinen angreifen,
das ist ja die Demütigung,
deswegen fühlt sich der Mensch
in dieser Gesellschaft so wertlos
und unwesentlich und unwirklich,
weil er nicht mal
seinen Feind erkennen kann.

CORY Wir sind jung,
aber das Lebensspiel
scheint jetzt schon verloren!

LAYLA Wenigstens sind wir jung!

WENDY Jung, schön und talentiert!

KAPPA Die Alten werden uns terrorisieren,
wo sie nur können!

MOROSS Wir sollten
von der Filmschule
sofort in den Untergrund
gehen!

SOOK So machen wir es!

CORY So machen wir es,
weil wir jung sind,
später trauen wir uns nicht mehr.
Wir gehen in den Untergrund!

KAPPA Bis der erste von uns glaubt,
  doch etwas zu verlieren zu haben,
  dann werden wir ja sehen,
  was aus unserem Untergrund wird!
CHAO-Y. Wir müssen eben zusammenhalten!
KAPPA Zusammen hält man nur,
  wenn man jung ist,
  später tut man das genaue Gegenteil,
  da gibt es dann
  keinen Zusammenhalt mehr.
SOOK Man müsste es ausprobieren!
KAPPA Befrag andere Generationen,
  die sich für genauso schlau hielten.
LAYLA Und was bleibt uns?
KAPPA Uns bleibt die Freundschaft,
  und wenn sie nur einen Tag hält
  oder gar ein ganzes Jahr!
LAYLA Und das soll uns ein Trost sein?
KAPPA Ja, das wird dich
  ein ganzes Leben lang trösten!
MONA Das ist Zynismus!
KAPPA Nein, das ist die Wahrheit.
FURMAN Andere haben nicht mal
  Freundschaft für einen Tag
  je erlebt,
  also hat Kappa recht.
CHAO-Y. So krank das klingt,
  Kappa hat recht.
MONA Es ist entsetzlich!
LAYLA Es ist grausam!
KAPPA Und ich habe recht!
WENDY So kann man nicht leben!
KAPPA Noch lebst du ja,
  also geht es.
MOROSS Wenn man älter wird,

stumpft man ab,
dann empfindet man das Entsetzen
nur noch allgemein.
WENDY Und was willst du damit sagen?
MOROSS Dass der Schmerz vielleicht nachlässt,
weil die Kraft,
die man braucht,
um ihn zu empfinden,
nachlässt.
WENDY Das ist kein Trost,
auf den eigenen Verfall zu bauen.
MONA Was bedeutet denn schon eine Jugend,
wenn man ihre Vergänglichkeit
und ihre Vergeblichkeit
sofort mit einbezieht
in alle Überlegungen?
FURMAN Sie bedeutet wenig.
KAPPA Sie bedeutet nichts,
denn jeder hatte eine Jugend
und in der Jugend
eine große Klappe
und nichts dahinter
und Hoffnung,
wie alle, die jung sind,
Hoffnung im Übermaß
und im Überfluss,
inflationäre Hoffnung
und himmelschreiende Hoffnung,
bis man dann merkt,
dass der Himmel nicht antwortet,
sondern erst spricht,
wenn man alt und mürbe ist,
denn dann sagt er:
Scheiß auf deine Jugend,
das ist, was der Himmel dir sagt,

wenn er mal was sagt.

LAYLA Jungend bedeutet alles!

SOOK Wir werden sehen,
    was sie bedeutet.

KAPPA Ja, das werden wir sehen,
    wenn unser Untergrund
    unbewohnt ist.

Die Studenten gehen schweigend weiter auf der Bühne hin und her, manchmal laufen sie gegeneinander, dann fallen sie um. Sie bleiben am Ende alle liegen. Dann steht Layla auf und schaltet die Kameras aus.

Zehnte Szene

Kappa schaltet die Kameras ein, die anderen bilden einen Halbkreis,
Kappa tritt vor sie.
KAPPA Seitdem ich studiere,
  kann ich nicht mehr richtig schlafen.
  Immer wieder wache ich nachts auf,
  weil mich alles um den Schlaf bringt,
  vor allem mein Nachdenken
  über die Filmkunst.
  Ich sehe mich auf direktem Weg
  in die Prostitution kommen,
  in den Anschaffapparat
  der Werbung,
  in der das Unnötige
  an den Mann gebracht werden soll,
  es kann nur das Unnötige sein,
  denn für das Notwendige
  muss niemand werben,
  weil man sich das
  sofort und ohne weitere Überlegungen besorgt,
  weil man es eben wirklich braucht.
  Wenn ich eine Sache oder ein Ding brauche,
  dann muss niemand dafür werben,
  das versteht sich von selbst.
  Wenn ich nicht auf den Strich der Werbung,
  die eine beispiellose Anbiederungssau
  und eine vulgäre und menschenverachtende
  Rekrutierungsmaschine von Arschriechern jeder Art ist,
  gehe, dann kann ich nur zum Fernsehen gehen,
  aber dann begebe ich mich in das Zentrum
  der allgemeinen Verblödung,
  dann werde ich Teilnehmer
  an einer Orgie
  der Talentlosen

und Schwachsinnigen,
denn das Fernsehen treibt es immer wilder,
immer dreister
und immer verkommener,
das Fernsehen kennt keine Grenzen,
was die Verdummung
und die Verdoofung
und die Hirnerweichung
und die Schamverletzung
betrifft.
Ich könnte zum Film gehen,
aber da muss ich Klinken putzen
und mit Vorgesetzten schlafen
wie in der Werbung
und wie beim Fernsehen.
Zum Film aber kann ich nicht gehen,
weil keine Spielfilme in mir sind,
sondern nur kurze und allerkürzeste Filme,
filmische Entwürfe eigentlich nur,
Filmskizzen,
Lebensskizzen,
Ausrufezeichen, nicht Erläuterungen,
keine Erzählungen.
Mir liegt der Kurzfilm
und nicht der Spielfilm.
Mir liegt nur das Ausrufezeichen,
und das ist nicht abendfüllend.
Was soll ich nur tun?
Ich habe angefangen
an der Filmschule,
um der Verblödung zu entkommen,
steuere aber
mit dem Abschluss meines Studiums
auf geradem Weg auf sie zu
und mitten in sie hinein.

Wenn fast die ganze Nation
jahrzehntelang
jeden Abend
und nun,
bedingt durch die Arbeitslosigkeit,
bereits am Tage,
fern sieht,
dann hat das Folgen,
die man gar nicht absehen
und benennen kann.
Das müsste jedem Kind klar sein.
Das Fernsehen raubt uns unsere Lebenszeit,
und wir lassen es zu,
und ich studiere an der Filmschule
und soll nun auf die Jagt gehen,
da liegt der Konflikt.
Mir bleibt noch das Netz,
nur das ernährt keinen,
der nur Filme einstellt
und Fangemeinden pflegt.
Außerdem graut es mir,
lange Freundschaftslisten zu führen,
die nur Leichenhaufen
und Anhäufungen
von Menschenfotos sind,
die von keinem Leben
beseelt sind.
Mir graut es vor dem Netz,
wie es mir vor allem graut.
Graut es mir vor der Wirklichkeit,
ziehe ich jedoch
das Netz vor,
was das Grauenhafte betrifft,
denn das Netz
zeigt die Wirklichkeit

in einem milderen Licht,
auch wenn das Gegenteil behauptet wird.
Ich bin vollkommen ratlos,
was mich und die Filmkunst angeht.
Ich kann nicht von
den Anklickzahlen leben,
und diese Zahlen befriedigen mich auch nicht,
ich kann mir nicht vormachen,
ich hätte Freunde auf der ganzen Welt,
wenn ein Community-Rauswurf
oder die Schließung einer Seite
dazu führen können,
dass ich keinen einzigen mehr habe,
vorausgesetzt,
ich würde die Freunde
auf der ganzen Welt
also solche ernst nehmen.
Wir nennen unsere Kultur
eine Leitkultur,
dabei ist unsere Kultur
eine Unkultur
und sonst gar nichts.
Wir haben eine Fernsehkultur,
die erschreckend ist,
vor allem, weil sie sich so boshaft verstellt,
aber nicht mehr lange wird sie das tun,
sie kann es gar nicht mehr abwarten,
richtig die Sau rauszulassen.
Wir sind in der Unkultur zu Hause
und kennen alle Hauptwege
und sämtliche Schleichwege noch dazu,
um die Verblödung weiter
und immer weiter voranzutreiben.
Alles, was mal gut war
in den Anfängen des Fernsehens,

ist auf entwürdigende Weise
in ein Gegenteil umgeschlagen und,
was die Täuschung der Menschen
und den Verschleiß von Redakteuren,
Filmemachern, Schauspielern
und Konsumenten betrifft,
annährend zur Vollendung gebracht,
abgesehen davon,
dass man Verblödung
bis ins Unendliche hinein
verfolgen kann.
Wir verfolgen die Verblödung
als Lebensanspruch
und als Lebensinhalt
und aus Perversion.
Und ich lasse mich noch dazu ausbilden!
Das Fernsehen ist eine Verschleißmaschine,
es spielt mit Masseverlust,
es frisst seine Zuschauer,
es verschleißt Träume und Sehnsüchte,
es verwandelt Träume und Sehnsüchte
in etwas Banales und Albernes,
in etwas Beschmutztes,
es macht aus etwas Unbeschmutztem
etwas Beschmutztes.
Das Fernsehen bereichert sich dreist
an Zwangsgebühren
und nutzt die Gutmütigkeit
des Konsumenten aus,
um dann mit seinen Träumen
Schlitten zu fahren.
Das Fernsehen gibt nichts und nimmt alles!
Zehn Minuten Werbeblock,
um dich weich zu kochen,
zehn Minuten Werbeblock alle naselang,

um dir dann als Entschädigung
noch mehr Dreck zu servieren!
Fernsehen ist Faschismus!
Fernsehen ist Verdummungsterrorismus!
Fernsehen ist der Tod einer jeden Gesellschaft.
Das, was Freude machen sollte, ist der Tod.
Das, was uns unterhalten sollte, das ist unser Tod!
Das Fernsehen ist der eigentliche Feind,
und er ist unser ständiger Mitbewohner,
er schaut zu,
wenn wir ficken oder es uns selbst besorgen,
er kommentiert,
wenn wir Geburtstag feiern,
er berieselt uns,
wenn wir ein Buch lesen wollen,
er hält uns eine Predigt,
wenn wir schlafen wollen,
er schreit uns Blödheiten ins Ohr,
wenn wir gerade aufwachen.
Unser Mitbewohner,
er soll endlich ausziehen,
aber er tut es nicht,
und wir wiederum drehen durch,
wenn er schweigt,
dann besorgen wir uns sofort
einen Klon,
nur noch fetter und noch größer
soll er sein.
Hochauflösend hat er zu sein
und flach wie ein Waschbrettbauch
und groß wie eine Kinoleinwand.
HDTV, klarer und wahrer als die Realität,
sagen sie,
sie wollen uns das normale Sehen wegnehmen,
sie wollen uns mit strahlenden,

überschnellen und übervollen
und hypnotischen Bildern verführen
und bevormunden und verderben,
damit wir unsere eigenen Bilder
grau und lahm finden
und unserer Wirklichkeit
misstrauen,
um sie dann abzulehnen
und dies ein für alle Mal.

Kappa fällt auf die Knie. Die anderen rücken näher, niemand sagt etwas.

KAPPA Natürlich ist
vor diesem Hintergrund
an Schlafen nicht mehr zu denken.
In aller Früh sitze ich in meinem Zimmer,
manchmal denke ich dann an euch,
dass ich ja Freunde habe,
Mitstreiter, Verschworene, Blutsbrüder,
Geliebte und Kumpel,
kluge, junge, talentierte Freunde,
dann spiele ich etwas an mir herum,
erregt von der Verheißung,
die sich mit euch
als meinen Freunden
verbindet,
aber kaum bin ich glücklich
in meiner Erregung,
muss ich daran denken,
wie wir
nach der kürzesten Zeit
alle auseinander
und voreinander weg
laufen werden,
jeder in eine andere Richtung
und jeder zu dem entferntesten Punkt

und niemand mehr in der Nähe ist,
weil alle Nähe weg ist
und schöne Erinnerung,
Nähe, die so entstellt wirkt,
in einer Welt der Entfernungen,
in der es Entfernungen angeblich nicht mehr gibt,
als sei das Erinnern an das wirklich Nahe
und das Bestehen darauf
selbst schon obszön.
Dann wird mir kalt
bei der Vorstellung,
dass wir Konkurrenten sein werden,
dass wir uns gegenseitig
die Butter vom Brot nehmen wollen,
dass wir für die kleinste Vergünstigung
unsere Freundschaft verraten werden.
Dann wird mir schlecht,
wenn ich daran denke,
dass unsere Aufregung
und unsere Spielfreude
und unsere Offenheit
und das Experimentelle,
das wir zelebrieren,
nur mit der Euphorie des Anfangs
und der Filmschule und dem Studium
zu tun hat.
Dann fühle ich mich krank,
wenn ich mir überlege,
was zehn Jahre später ist
und weitere zehn Jahre später
und noch mal zehn Jahre weiter
und dann noch einmal zehn Jahre.
Da wird mir übel,
wenn ich eure schönen Gesichter sehe,
die dann alt und kalt und bitter sind,

da werde ich krank,
wenn ich mir vorstelle,
dass ihr mich dann nicht mehr kennen wollt
und sowieso vollkommen
gegen mich seid.

Kappa schluchzt hemmungslos. Die anderen wirken verstört.

MOROSS Das ist der reine Pessimismus.

CHAO-Y. Das ist mehr als negativ.

SOOK So sollte man die Dinge nicht sehen.

MONA So spricht man nur,
wenn man nicht an Liebe glaubt.

LAYLA Wenn man an nichts glaubt.

SOOK Wenn man mehr Angst in sich trägt,
als es üblich ist.

FURMAN Wir sollten uns vorstellen,
wir wären Freunde fürs Leben.

MOROSS Kappa, beruhig dich doch,
wir sind alle bei dir,
daran wird sich auch nichts ändern.

KAPPA Du bist als Erster weg,
wenn du so was sagst!

WENDY Wir lieben dich, Kappa!

KAPPA Wie lange tut ihr das?
Bis morgen,
bis nächste Woche,
für ein halbes Jahr?

WENDY Wir werden dich immer lieben!

KAPPA Ihr übt nur fürs Fernsehen!

SOOK Nein, es ist Liebe.

FURMAN Liebe!

MONA Unbedingte Liebe!

CHAO-Y. Auch, wenn es schwul klingt,
ich liebe dich.

*Kappa schluchzt laut auf und schüttelt sich unter Weinkrämpfen. Die
anderen gehen in die Hocke und umarmen Kappa, dann umarmen sich*

alle gegenseitig. Kappa weint weiter.
Layla erhebt sich und schaltet die Kameras aus.

Elfte Szene

Moross schaltet die Kameras ein, die Gruppe steht in einer Reihe vor
den Kameras und rührt sich kaum.
FURMAN Im Grunde ist alles ein Lebensfilm,
   alles, was wir drehen werden,
   ist ein Lebensfilm
   und nichts anders,
   denn in die Werbung
   werden wir nicht gehen,
   es reicht schon die Unverschämtheit,
   uns alle jede Werbung finanzieren zu lassen,
   ob wir es wollen oder nicht,
   ob wir was kaufen,
   oder uns dem Konsum verweigern,
   bezahlt wird in jedem Fall
   und zwar von uns
   und zwar für nichts
   und wenn,
   dann zahlen wir für Dreck.
   In die Werbung gehen wir nicht!
KAPPA Und nicht zum Fernsehen,
   denn dort sind die Lebensfilme
   Verzerrungen,
   Verkürzungen,
   Täuschungen
   und Verfälschungen
   und nicht die Gebühren wert,
   die immer nur steigen
   und die wir zahlen sollen,
   selbst wenn die Glotze
   kaputt im Keller steht,
   denn man könnte sie ja reparieren,
   so sind die Argumente.
   Zwangseintreibungen,

ein weiterer Beweis
für die Infamie
unserer Gesellschaft,
uns zu zwingen,
Rechnungen zu bezahlen,
von etwas,
das wir nicht bestellt haben,
etwas, das uns manipuliert
und verdummt
und abstumpfen lässt
und unseren Lebenssaft vergiftet,
und das, was sie im Namen
des sogenannten Bildungsauftrags
produzieren,
in Wahrheit aber
alle Bildung unmöglich macht.
Unser Lebensfilm
braucht keine Gebühren
und keine Werbeblocks,
dafür ist er zu kostbar.
SOOK Alles ist ein Lebensfilm,
selbst ohne Kamera.
Es gibt kein Drehbuch,
keinen Plot,
Suspense sucht man vergeblich.
Manches Leben plätschert dahin
wie ein kleiner Bach
und nichts weiter passiert,
und das war es dann,
aber kann man schließlich sagen,
es sei kein Lebensfilm?
Man kann es nicht sagen,
weil es ein Lebensfilm ist.
MONA Keinen Lebensfilm
kann man mit dem anderen vergleichen,

weil sich jeder Vergleich verbietet
und unanständig ist.
CORY Jeder Mensch hat seine Geschichte,
so langweilig sie auch scheinen mag,
ist sie letztlich hochinteressant,
sie ist sein Lebensfilm,
voller unerklärlicher Schnitte
und denkwürdiger Brüche,
voller stiller Bilder,
von großer Poesie,
selbst im Abgrund noch.
Die Höhen des Lebensfilms
bleiben oft unspektakulär,
man nimmt sie kaum wahr,
schon sind sie vorbei,
und das ist ein Lebensfilm.
MOROSS Die Gesellschaft will
den Lebensfilm der Menschen
durch eine
pornografische Seifenoper
ersetzen,
was misslingt,
wie es immer misslungen ist,
wenn man versucht,
den Menschen zu entmündigen
und ihm seine Geschichte zu nehmen.
LAYLA Wir gehen mit dem Lebensfilm
in den Untergrund.
Alles ist Lebensfilm!
KAPPA Nur der Untergrund hält uns warm!
CHAO-Y. Nur im Untergrund
zählt der Lebensfilm!
Und alles ist Lebensfilm!
WENDY Von der Filmschule
gehen wir,

ohne jede Verzögerung,
in den Untergrund,
damit wir den Lebensfilm bewahren,
denn alles ist Lebensfilm!

MONA In den Untergrund!
Der Untergrund als Lebensfilm
und der Lebensfilm als Untergrund!

KAPPA Denn das ist unser Lebensfilm!

Layla geht zur Musikanlage. Musik ertönt: Overcome von Tricky.
Während das Lied beginnt, gehen Moross, Furman und Layla
aufeinander zu, und die beiden Männer küssen Layla. Chao-Y.,
Kappa und Cory umarmen sich. Mona und Wendy gehen aufeinander
zu und küssen sich.

Moross, Furman und Layla umarmen sich wild, Mona und Wendy
streicheln sich verzweifelt. Chao-Y., Kappa und Cory streicheln
sich vehement.

Die kleinen Formierungen rücken als ganze Gruppe zusammen, alle
umarmen sich, dann gehen sie geschlossen schlagartig zu Boden und
bleiben regungslos liegen.

Nach einem langen Moment der Stille und der Reglosigkeit erheben sich
die Mitglieder der Gruppe und gehen langsam ab. Wendy schaltet die
Kameras aus und ist daher die Letzte, die abgeht.

ENDE